学童保育指導員になる、ということ。

―子どももおとなも育つ放課後―

田中一将・鈴木　瞬・中山芳一 著

かもがわ出版

はじめに

この本を手に取ってくださったみなさんは、きっと学童保育（放課後児童健全育成事業）に関係されている方ですよね？　現場の指導員（支援員）の方でしょうか？　それとも保護者の方？　もちろんどなたでもＯＫです。でも、きっと学童保育に興味をお持ちだから、この本を手に取ってくださったんだと思います。

そんなみなさんにお聞きします。学童保育ってなんですか？　一般的に戦後誕生したといわれている学童保育（所）は、小学校や保育所よりもだいぶ新参者です。だから、学童保育という独自性と固有性に目を向けるというよりは、学校と比べると……とか、保育所と比べたら……などと、比較して見られがちなんです。教育・児童福祉領域の新参者ゆえに、学童保育ってなにか、さらに指導員の仕事ってなにか、といった「謎」がずっとうごめいてしまっているんです。

そんななかで、両極端な論調が聞こえてきます。学童保育は教育の場ではない、指導員は教師ではない。つまり、教育する側がはっきり意図して子どもに働きかけることは、学童保育としてふさわしくない。もっと自由にのびのびと、それこそが放課後の「学童保育のあるべき姿」ではないか……。その一方で、学童保育で放課後にダラダラと過ごす時間はもったいない。だから親が喜ぶプラスアルファの付加価値を提供していくことが「学童保育のあるべき姿」ではないか……。いずれもよく耳に届いてくる考え方です。

そして、２０１５年に学童保育の制度がこれまで以上に整備されたことで、国の基準や指針、市町村の条例などもできあがりました。いまこそ、私たちは学童保育が目指す方向を改めて模索していく必要があります。

そのときに、まずは現場に目を向けることを忘れてはいけないと思います。子どもたちは放課後に何を求めているのか、そして指導員は何ができるのか。学童保育現場のこれまでといまを見据えるなかで、ほんとうの意味で子どもの視点に立って（机上の空論ではなく）、地に足をつけた学童保育のこれからを模索していきたいと強く願うものです。

本書は、学校や教師のようでそうではない、家庭や親のようでそうでもない、そんな学童保育や指導員の独自性と固有性を探究する一冊です。とくに、学校（教師）と家庭（親）の中間にある世界としての学童保育が、どのように現場でつくられていくのかを明らかにしていく初めての試みです。

こんな試みを、実践を全国に発信している学童保育指導員・田中一将さん（滋賀・湖南市）、気鋭の学童保育研究者である鈴木瞬先生（金沢大学）、学童保育指導員を経験して研究者となった私・中山芳一（岡山大学）の三人で挑みます。まだまだぼんやりしている学童保育のこれからを少しでも明らかにできれば、より多くの学童保育関係者のみなさんに光明が届くのではないでしょうか。どうかこのまま読み進めていってください。

２０２３年１月

著者を代表して　中山　芳一

第Ⅱ章　学童保育に魅せられて――ある指導員の20年――――田中　一将　39

第Ⅰ章　学童保育指導員ってなんだ？

1　学童保育ってなんだ？

（1）まずは、私自身の話から

小学生の頃から小学校教師を目指していた私こと中山芳一は、地元岡山県で小学校教師になるため、岡山大学教育学部小学校教員養成課程へと無事に進学することができました。あとは、卒業して教員採用試験に合格して小学校教師になるのを待つだけ……。そんな年の夏でした。人の人生、人のご縁や巡り合わせとは面白いもので、ちょっとしたきっかけから学童保育という世界と出会うことになり、そこからすっかりこの世界に魅了され、どんどん没頭していったことを今でもよく覚えています。１９９９年。当時、岡山県内でも超レアな男性の学童保育指導員（以下、指導員）として私の九年間の生業が始まった年です。

あの頃、私たちの世界では「劣悪な処遇」という言葉がよく使われていたほどで、処遇面はワーキング・プアのそれをはるかに下回るものでした。私自身も指導員を始めて以降、両親をはじめとしたいろいろな方々から「いますぐ小学校教師になりなさい！」と言われ続けてきました。結局は、自分自身の価値観と意思、そして先輩や保護者の方々のご支援を通して、理解してもらってきたのですが……。それほどまでに、学童保育は社会的マイノリティであり、指導員という仕事もまたほんとうに「仕事」と呼んでいいのかどうかさえ危ぶまれるような状況が否めなかったのです。

しかしながら、このような状況に置かれたのなら置かれたで、腹を括ることのできる人たちも少なからずいらっしゃいました。そんな方々と同じ職場内、同じ市内や県内、さらには全国各地で手を携えてお互いに「同志」と認識し合いながら、共に学び合い、共に刺激を与え合い、共に高まり合えたことは、ほかに類を見ないほどこの仕事の最高の魅力だったと確信しています。本書第Ⅱ章執筆者の田中一将さんと私は、紛れもなくそのような関係性でした（この詳細については、田中さんに委ねたいと思います）。恵まれない環境だったからこそ、大変だったこともあれば、逆に大きな価値を持っていたこともあります。そんな学童保育の冷遇時代に、私たちはまちがいなくこの身を置いていたわけです。

(2) えっ、学童保育指導員ってなに？

私が指導員を始めた頃、周囲の人たちから「お兄さん、仕事は何してるの？」と尋ねられることが多々あって、そのたび、けっこう胸を張って「学童保育指導員やってます！」と答えてきました。しかし、必ずと言っていいほど「えっ、学童保育指導員ってなに？」とか、時々ではありますが、「あぁ、放課後子どもと遊んでいる（だけの）人たちね！」とか言われてきたものです。そのたびに、「学童保育指導員というのはですね……」と説明してみたり、「放課後に子どもと遊んでいるだけではなくてですね……」と説明してみたりしたものでした。「小学校教師です」だったら、どれだけ楽だろうか……と、よく思っていたものです。すんなりと「あぁ、学童保育指導員ね！」と言ってもらえる日が来ることを、あのときは強く切望していました（いまは、かなりそんな状況になってきたと思います）。まあ、おかげで学童保育のこととか、指導員の仕事のこととか、説明するのが上手になったと自負しています（まさに冷遇時代の副産物みたいなものですね）。

それでも、今思えばそうなんですよね。学童保育は、戦前にも存在していたとは言われるものの、実際のところ第二次世界大戦後に都心部を中心に草の根式に拡がってきた事業です。したがって、小学校教師や乳幼児保育士（当時は保母）と比べると、圧倒的に学童保育指導員の歴史は浅い！　誤解を恐れずに申し上げるなら、戦後に日の目を浴び始めた「昭和後半の比較的新しい職業」ということでしょうか。そのため、「それなに？」と尋ねられるのも致し方ないことでしょう。だからこそ、特に１９６０年代から９０年代に至るまで全国各地で学童保育所の「つくり運動」が精力的に行われてきたわけですし、さらには学童保育の利用者（主に子どもと保護者）や学童保育指導員たちの市民権を得られるための「学童保育運動」がなされてきたのだと思います。

（3）学童保育ってなんだ？

「学童保育指導員ってなに？」という問いに答えるためには、まず何よりも「学童保育ってなに？」という問いに答えなければなりません。しかしながら、上述した通り、学童保育が比較的新しい業種であるためにこれが難しいんです。言葉としての解像度を上げるのでしたら、「学童保育」→「学童」の「保育」→「学童という（留守家庭の）小学生」を対象とした「保育」という営み、となるでしょうか。ただし、これだけでは言葉として分解してみただけに過ぎませんので、さらに法制度の視点なども加味していかなければなりません。

しかしながら、この法制度の視点というのが、当時の学童保育にとってはアキレス腱のようなものでした。なぜなら、明確な法制度が存在しなかったからです。

まず、学童保育といわれる事業に始めて国の補助事業として交付されたのが、昭和41～46（1966～1971）年の文部省（当時）による「留守家庭児童会補助事業」でした。この補助事業が6年間続いた以降は、厚生省（当時）へ補助事業も移行される中で、児童福祉法への法制化の流れが生まれました。その結果、1997年から翌年にかけて児童福祉法第6条の2第6項（当時）へ法制化～施行されることとなったのです。その当時の条文が以下の通りです。

児童福祉法（1997年法制化当時）
第六条の二　6　この法律で、放課後児童健全育成事業とは、小学校に就学しているおおむね十歳未満の児童であって、その保護者が労働等により昼間家庭にいないものに、政令で定める基準に従い、授業の終了後に児童厚生施設等の施設を利用して適切な遊び及び生活の場を与えて、その健全な育成を図る事業をいう。

言い方を換えるなら、これまでは補助金こそもらえていたものの、法律に位置付けられた事業ではなかったわけです。それが、遂に児童福祉法へ位置付けられたことで、学童保育の事業は正式に「福祉事業（正確には第2種社会福祉事業）」になることができたといえます。ただ、乳幼児保育所と同じ児童福祉法第7条（いわゆる児童福祉施設の条文）には位置付けられなかったわけですが、それは当時の全国各地の現場におけるあまりにも画一化できないバラバラな状況を鑑みればやむを得なかったのかもしれません。

さて、そんな児童福祉法の条文なのですが、こうしてみると前半は事業の対象者（いわゆる留守家庭児童）のことに触れられていて、以降は事業の時間帯や場所、そして事業の目的に触れられています。該当する箇所を抜き出してみると以下の通りになります。

「適切な遊び及び生活の場を与えて、その健全な育成を図る事業をいう」（※傍線は筆者による）

傍線部について、みなさんはどのようにイメージされますか。学童保育において子どもたちの「適切な遊び及び生活の場」とはどのような場でしょうか。学童保育が目指す「健全な子ども」ってどんな子どもを育成すればよいのでしょうか。

正直申し上げて、これだけしか書かれていない以上は、それぞれの人たちの考え方や経験をベースにしたそれぞれの解釈でイメージされてしまうことでしょう。例えば、学童保育所では必ず全員が同じ遊びをしなければならないということが「適切な遊びの場」になってしまうかもしれません。例えば、必ず学校の宿題を終わらせなければならないということが「適切な生活の場」になってしまいかねません。健全な子どもについても同様です。大人の言うことをなんでも聞ける従順な子どもを健全な子どもとしてイメージする方もいらっしゃるでしょう。その正反対で、大人の言うことを一切聞かなくてやりたい放題の野放図な子どもを健全だとイメージする方がいらっしゃるかもしれません。はっきりと言えることは、この対極ともいえるどちらのイメージも、先ほどの条文だけでは否定されるものではないということなのです。

児童福祉法に法制化及び施行されただけでは、まだまだ「学童保育ってなんだ？」という問いの解像度を上げることはできません。そのため、現場に携わる方々や研究に携わる方々が、学童保育という「昭和後半の比較的新しい業界」について言語化や理論化を現在進行形で試み続けているわけです。かくいう私自身も、その必要性を感じてきた一人でした。現場の指導員として従事する中で、条文にしか書かれていない限られた内容を踏まえて、現場における経験に偏りすぎてしまう現実。それぞれの経験者によって語りが異なっていたり、長年従事されてきている方の年数だけが大きな説得力を持ってしまったりという現実。ここを打開しなければ学童保育に未来はないと強く思い、研究者の道を目指したのですから……。

そして、ちょうど私が現場の指導員を退職する頃、２００７年に厚生労働省から「放課後児童クラブガイドライン」が出されたことは、大きなインパクトになりました。さらに、その８年後の２０１５年には、子ども・子育て支援新制度に伴って「放課後児童健全育成事業の設備及び運営に関する基準（以下、設備運営基準）」という厚生労働省省令第63号（当時）と「放課後児童クラブ運営指針（以下、運営指針）」という局長通知が施行されたことは、とても大きな変革を学童保育業界にもたらしたと思います。先述したように、現場の経験知や研究の理論知が蓄積されるだけでなく、法制度の整備（及びそれに伴う予算化）がなくては「学童保育ってなんだ？」という問いと向き合うことはできません。１９９８年に続いて２０１５年は非常に大きな節目の年であったと言えるでしょう。

ちなみに、２０１５年に改訂された児童福祉法第６条の２第３項（対象児童がおおむね10歳未満ではなく6年生までのすべての留守家庭児童になった）と、上述の設備運営基準第５条の１をそれぞれ紹介しておきます。

児童福祉法（２０１５年改訂～現行）
第六条の三　２　この法律で、放課後児童健全育成事業とは、小学校に就学している児童であって、その保護者が労働等により昼間家庭にいないものに、授業の終了後に児童厚生施設等の施設を利用して適切な遊び及び生活の場を与えて、その健全な育成を図る事業をいう。

設備運営基準
第５条（放課後児童健全育成事業の一般原則）第1項
　放課後児童健全育成事業における支援は、小学校に就学している児童であって、その保護者が労働等により昼間家庭にいないものにつき、家庭、地域等との連携の下、発達段階に応じた主体的な遊びや生活が可能となるよう、当該児童の自主性、社会性及び創造性の向上、基本的な生活習慣の確立等を図り、もって当該児童の健全な育成を図ることを目的として行われなければならない。

ここに書かれている内容を先ほど指摘した抽象的な箇所と照らし合わせてみましょう。次の表を参照してみてください。

表　児童福祉法と設備運営基準　比較対照表

児童福祉法	設備運営基準
適切な遊び及び生活の場	発達段階に応じた主体的な遊びや生活
健全な育成	自主性、社会性及び創造性の向上、基本的な生活習慣の確立等をもって

このように双方を比較してみるだけでも児童福祉法に書かれていた内容の解像度が上がっていることがよくわかります。そしてその結果、上述したような個々人の考え方や経験に依存した解釈ではなく、国が明示した内容の共有ができるようになったわけです。

学童保育（ここでは、放課後児童健全育成事業）の対象者は保護者が昼間労働等により家庭にいない児童（小学6年生に至るまでの留守家庭児童）であり、時間帯は授業の終了後（つまりは放課後）であることは児童福祉法の条文と大きく違いはありません。その上で、指導員には7～12歳の「児童期」という発達段階における一般的な特徴を踏まえつつも一人ひとり（固有名詞）の子どもの発達過程（できること・できないこと・できそうなこと）によりそって、やらされるのではなくやりたいことができる（もちろん危険なことや他者の人権を害することは除く）場をつくっていくことが求められるわけです。また、健全な子どもというのも、それぞれがイメージする健全な子どもではなく、自分で考え行動できる子ども（＝自主性）であり、他者と一緒に取り組んでいける子ども（＝社会性）であり、今あることをつくり変えたり新しいことをつくり出したりできる子ども（＝創造性）のことを意味しているのです。さらに、ここへ基本的な生活習慣の確立なども加わった子どもに育成するための支援こそが、学童保育指導員、現在では放課後児童支援員の役割として明記されていることになります。

このような内容が、２０１５年以降には全国すべての市町村の条例へと反映（参酌基準ではありますが）されるようになり、さらに具体化された運営指針によって全国標準化が促されるようになったわけです。また、放課後児童支援員認定資格研修がすべての都道府県で実施されるようになったことも含めて、わが国の学童保育業界の中で最も遅れていたところが動き始めたといっても過言ではないでしょう。その上で私たちは改めて「学童保育ってなんだ?」「学童保育指導員って何をする人なのか?」という問いと向き合っていかなければならないわけです。

2　学童保育指導員って何をする人？

（1）子どもと遊んでいるだけの人？

「いいよねぇ〜、子どもと遊んでいるだけでお給料がもらえて〜」ときどきこういうことを言われてしまう指導員の方がいらっしゃいます。また、「子どもの安全だけ見ていてくれたらいいから、指導員をやってもらえない？」というお誘いを受けて指導員になった方もいらっしゃいます。前節でご紹介した通り、２０１５年以降の現在となっては、いずれも大まちがいであることはおわかりの通りです。指導員は、子どもと遊んでいるだけではありません。指導員は、放課後の遊びと生活を通して、一人ひとりの子どもの発達段階に応じながら、子どもの自主性、社会性及び創造性を育もうとしているのです。したがって、子どもの安全だけを見ているわけでもないことは自明ですよね。

このような誤解が生じてしまったのも、先ほどの通り学童保育指導員は「昭和後半の比較的新しい職業」だったために、何をすればよいのか、何をしなければならないのかがわからないままできあがってきたからでしょう。指導員は、単に子どもと遊んでいるだけの人ではない！　保護者に対する子育てと仕事の両立支援も含めて、国の設備運営基準及び運営指針、そして各自治体の条例が示してくれているような役割や職務内容があることを、私たちは忘れてはいけません。つまり、指導員という仕事には、常にその役割と職務内容に基づいた「専門性」が求められているのです。

（2）学童保育指導員の専門性の柱

まだ、わが国が設備運営基準や運営指針を施行する前のことです。9年間の現場の経験を経て、学童保育研究を推し進めるべく研究者の道へ進み始めた私の最大のテーマは、学童保育指導員の専門性の柱を明らかにすることでした。もちろん、専門性の柱といっても、さまざまな柱があります。さらに、研究の領域や方法によってもそれぞれの切り口と視点があります。そのようななか、私は自らの経験も踏まえて、現場の指導員がとりわけ子どもとかかわっていく上で、その専門性の柱になるところはいったい何なのかということに問題関心を持っていました。私がこだわりたかったのは、学童保育は「学童という対象を保育する営み」であるということでした。「保育」という言葉は、一般的には乳幼児を対象に使われています（本来は18歳未満の児童全般ではあるのですが）。「保育」を構成するのは、児童の身体的な生命や安全・衛生を守るための養護の機能、

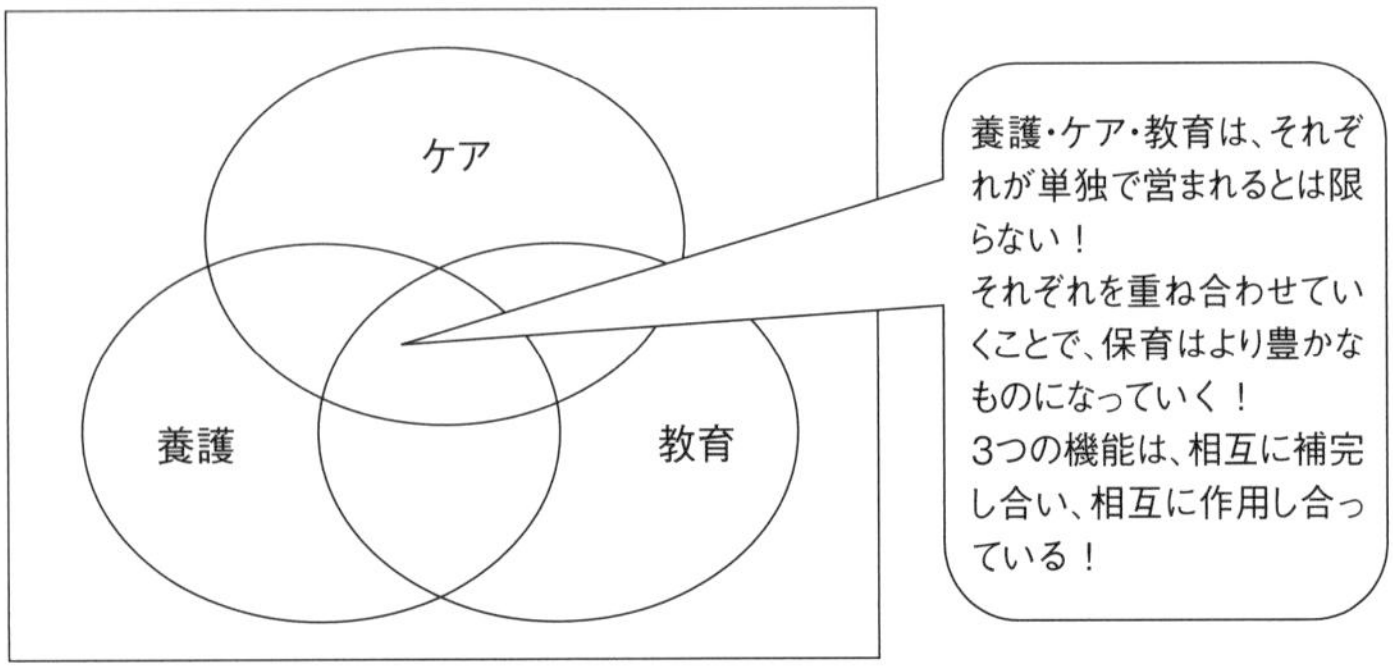
ケア
養護
教育
養護・ケア・教育は、それぞれが単独で営まれるとは限らない！
それぞれを重ね合わせていくことで、保育はより豊かなものになっていく！
3つの機能は、相互に補完し合い、相互に作用し合っている！

保育とは養護・ケア・教育の総体的な営み

児童の思いや感情を共に分かち合い精神的・情緒的な安定を図るためのケアの機能、児童の発達段階に応じた能力を引き出すための教育の機能、これら三つ（養護・ケア・教育）の機能が挙げられます。さらに、これらが個別単独で機能しているのではなく、総体的に機能していることが求められるわけです。言い換えるなら、子どもの養護だけをしているのではなく、ケアだけをしているのでもなく、教育だけをしているのでもない。さまざまな保育場面で養護もしながらケアもして、教育もしていくような保育実践が専門性として求められることになります。ちょうど上の図のような重なりのイメージになるわけです。

　このように、指導員の日常的な実践（つまりは子どもへのかかわり）をとらえていくと、例えば、出席確認の場面で子どもの出席確認を行うのは養護、子どもの表情を見ながら情緒の状態に注意してかかわるのはケア、また「ただいま」のあいさつを言えるように社会的スキルを支援するのは教育の機能になります。遊びの場面でも、子どもの安全を見守り、何かが起きれば応急処置などをするのは養護、子どもたちと遊びの楽しさを共に分かち合うのはケア、トラブル解決やもっと楽しい遊びへと展開できるようにしていくのは教育の機能になるでしょう。おわかりの通り、同じ保育場面でも何を意図してどのような行為をするのかによって、養護・ケア・教育の機能がそれぞれに異なってきますし、ときに養護した後にケアして教育へつなげていくといった連続的な発揮の仕方や、ときに一つの行為の中にケアと教育など複数の機能を一緒に意図するような複合的な発揮の仕方もあり得るのです。

こうした養護・ケア・教育の機能を総体的に発揮させるためにも、はっきり言えることは、単なる表面的な言葉かけや立ち振る舞いだけではなく、その時々の指導員の思考力や判断力をはじめとした実践力が求められるということです。これこそが、専門性の醍醐味ともいえるでしょう。つまり、指導員の専門性の柱が先述の通りであれば、指導員はとても高度で複雑な知的労働をしているということがわかります。これは、当然のことながら乳幼児保育所の保育士の方々も同様です。ただし、乳幼児（1歳未満の乳児期と1～6歳の幼児期の発達段階）の子どもを対象とした保育と児童期または学童期（7～12歳）の子どもを対象とした保育とでは、保育の本質は一致していても、具体的な保育内容についてはそれぞれに独自の専門性があることがわかります。乳幼児期と児童期（学童期）では、身体的な発育はもちろんのことながら、知的な発達も社会的・精神的な発達にも大きな違いがあります。この発達の違いを踏まえて保育をしなければならないわけです。

さらに、私たちはこのような保育専門職者のことを「反省的実践家」と呼んでいます。つまり、これだけ高度で複雑な知的労働であるということは、画一的な正解やマニュアルのない仕事をしているわけです。この専門性の深層部分については、第Ⅲ章の鈴木瞬先生の論考に委ねていきたいと思います。

ここまででははっきりとご理解いただけたことは、学童保育指導員という人たちは、単に子どもといっしょに遊んだり、子どもの安全を見守ったりしているだけの人ではなくて、より高度で複雑な専門性が求められている人たちであるということです。さまざまな保育場面において、求められる適切な思考と判断をするとともに、その思考と判断に基づいた適切な行為、つまりは声かけや表情、対話やそのほかのパフォーマンスをしながら、対象者である子ども（ときには保護者）とかかわる上でミスマッチを起こさないようにしなければなりません。そうなると、相手になる子どもや保護者は百人百様ですし、同じ相手でもその時々の状況によって異なりますので、まさに状況に依存した対応（思考と判断と行為）が求められるわけです。

もうおわかりでしょう。このような対応は一朝一夕にできるようなことではありません。1年目の指導員にできることと、5年目、10年目、15年目以上の指導員にできることはきっと異なってくることでしょう。さらに言うならば、年数だけの問題でもありません。仮に同じ年数であっても、その年数を過ごしてきた質、つまりは一日一日、一年一年をどのように指導員として実践・省察してきたのかという内容そのものが問われるわけです。この点をふまえて、次節では「いっぱしの指導員」になることの難しさについて説明を進めていくことにします。

3　「いっぱしの学童保育指導員」になることの難しさ

(1) 目指したい指導員像って？

私の学生時代は、学園ドラマの『金八先生』が全盛期だったように記憶しています。そのため、学校の教師を目指す人たちのなかには、「武田鉄矢さんが演じる金八先生のような教師になりたい」という理想の教師像を持っていた人も少なくありませんでした。私が指導員になったとき、このことがいかにうらやましいことなのかを突き付けられたことを忘れることができません。そうなんです！　理想とする、目指したい指導員像が少なすぎるんです。学童保育指導員は、先ほどの通り「昭和後半の比較的新しい職業」であり、明らかにまだまだマイナーな仕事であったため、映画やドラマに登場することもほとんど皆無でした（いくつかはありましたが）。そのため、メディアの世界から目指したい指導員像を見出すことは難しく、現実世界の現職者の方々の中から指導員像（＝ロールモデル）を探り当てるしかありませんでした。当時は処遇面などの理由によって男性が少ない職場環境であったため、男性指導員である田中さんや私には、すでにこの点が大きな壁として立ちはだかっていました。「いっぱしの学童保育指導員」を目指そうにも、そのイメージができにくいなかで暗中模索を繰り返したものです。だからこそ、そんななかで出会った仲間や先輩の存在に対してはとりわけ大きなリスペクトの気持ちを抱いていきました。

さらに、目標とする指導員像の曖昧さに加えて、勤続年数に応じてどのようなことができればよいのかという指標もまた曖昧でした。子どもたちにも一般化された発達段階ごとの特徴や傾向があるように、指導員という専門職者にとっても発達段階ごとの特徴や傾向があるはずです。例えば、1年目にはどのようなことができればよいのか？　5年目を迎える頃には？　もっと詳しく見ていくのなら、個々の子どもとかかわる上では？　集団の子どもとかかわる上では？　遊びの場面では？　おやつの場面では？　声の出し方は？　立ち振る舞いとしては？　表情は？　挙げ始めたらきりがないほどさまざまな指標が必要になってきます。しかし、言うまでもなく指導員のキャリア別にこれらの具体的な指標は示されていません。そのために、こうした指標もまた現場での経験に依存せざるを得なくなってしまうのです。敢えて申し上げるなら、「なんとなく」

です。なんとなく、この時期にはこういうことができていてほしい（もしくは、できていなければならない）という職人気質的な感覚知として語られてしまいます。

また、目指す指導員像そのものも、指導員が築くキャリアによって変わっていくことも付け加えておきます。これは、私も田中さんも同じだったのですが、勤め始めた頃は、先頭に立って子どもたちを引っ張っていけるようなガキ大将的な指導員像をイメージしていました。いかに子どもたちを惹きつけられるのか、いかに子どもたちを引っ張っていけるのか。それが最も大きな関心ごとだったといってもよいでしょう。そして、私も田中さんも勤め始めてから数年間かけて築いてきたキャリアの中で、ある程度はそのイメージに近づくことができたと思います。しかし、次第にそこへ違和感を抱き始めます。ほんとうに子どもたちを惹きつけ引っ張るだけの指導員でいいのだろうか……。もっと先頭ではなくて後ろに立って寄り添い支えられるような、もっともっと目立たない目に見えない一人ひとりの子どものわずかな変化にも気づけるような……。そんな指導員のイメージを持ち始めるにつれて、目指す指導員像そのものが変わっていき、今度はそこへ近づけていこうと意識するようになるわけです。

この次第に抱き始める違和感というものは、日々の子どもや保護者、同僚とのかかわりがきっかけになることもあれば、研修や実践検討会などの学習の場、同業者たちの集まりの場でのロールモデルとの出会いなどがきっかけになることもあるでしょう。なお、当初私や田中さんが持っていた「惹きつけて引っ張れる指導員像」は、決して不要ではなかったと私は考えています。当時、こうしたイメージを持って日頃から意識し続け、そのイメージに近づけていこうとしてきたからこそ、その次の景色が見えてきたのだと思うからです。いずれにしても、「昭和後半の比較的新しい仕事」をしている学童保育指導員にとって、「学童保育とは何か？　私たち指導員の役割や仕事ってなんだ？」と日常的に問い続けているからこそ起こり得る成長・変化だったのではないでしょうか。

(2) 初任者・中堅者・ベテランとは

指導員のみなさんは、いま現在、みなさんご自身は初任者・中堅者・ベテランのどこに位置付くと思われますか？　いきなり聞かれるとちょっと困ってしまいますよね。ちなみに厚生労働省が提示している資質向上研修（キャリアアップ研修）では、5年未満を初任者、5年以上を中堅者として位置付けています（ベテランはありませんが）。このように勤続年数できっぱり決めてもらえると簡単です。何年働き続けたかは、はっきり証明できますし、とっても客観的です。しかし、勤続年数ではなく、指導員としての力量や求められるレベルとなると、急に難しい話になってしまいます。その人の働き方（雇用形態や役職などを含む）によっても異なるでしょうし、その人の持ち合わせている資質や特性、さらにはマインドや価値観によっても異なってくることでしょう。そのほかの職業もそうですが、特に指導員や保育士、教師のような人に対して援助を専門的に行う「対人援助専門職者」と呼ばれる人たちは、先ほどの反省的実践家であるがために、年数だけで力量や求められるレベルを設定できにくい難しさがあるわけです。言うまでもなく、「昭和後半の比較的新しい仕事」であればなおさら難しくなってしまいます。

私は拙著『学童保育実践入門―かかわりとふり返りを深める』（かもがわ出版、２０１２年）の第４章７「学童保育指導員としてのキャリア形成」で、（初任者ではなく）一人前・中堅者・ベテランについて以下のように言及しています（以下、抜粋）。ただし、ここでいう一人前の指導員とは「いっぱしの指導員」という意味ではなく、初任者から中堅者へと成長していく途中の自立した段階を意味しているのでご注意ください。

〈誰に言われるでもなく日々の業務や実践を一通りこなせるが複雑な実践場面の対応はまだ難しいのが（とりあえず）一人前の指導員です。そして、複雑な実践場面であってもこれまでの経験をもとに考えながら対応できるのが中堅指導員です。さらに、複雑な実践場面にも的確かつ迅速に対応でき、子どもがこれから起こしそうな問題についても予測と分析ができて今後の方針まで示せるのがベテラン指導員です。また、ベテランともなれば中堅でも対応できないようなより複雑かつイレギュラーな実践場面の対応までできてしまうわけです。〉

このように、自身の位置がどこにあって、具体的な場面で何ができるようになっていればよいのかを意識しながら実践をすることが、それぞれのステージに立った指導員に必要な経験となり、指導員としてのキャリアを確実に積み上げていくことができる。だからこそ、指導員のキャリア形成（発達段階）という視点から、その内実を明らかにしていく必要があります。この点において、第Ⅱ章の田中さんの20年間のライフヒストリーはとても貴重ですし、そこからさらに第Ⅲ章の鈴木先生の分析と言語化へと続いていく流れは、本書の最大の醍醐味だと確信していると
ころです。

(3) 関係性の構築という難しさ

さて、これまでは指導員個人のキャリア形成として「いっぱしの指導員になる難しさ」について述べてきましたが、ここでは指導員を取り巻く関係性の視点から難しさについて言及しておきましょう。

まず前提として、上述した通り学童保育所（放課後児童クラブ）は、自治体同士を見ても、一つの自治体の中を見ても、あまりにバラバラな状況に置かれていることを忘れてはいけません。厚生労働省の調査結果（2022年5月1日現在）から見ても、運営形態（左の円グラフ）や開設

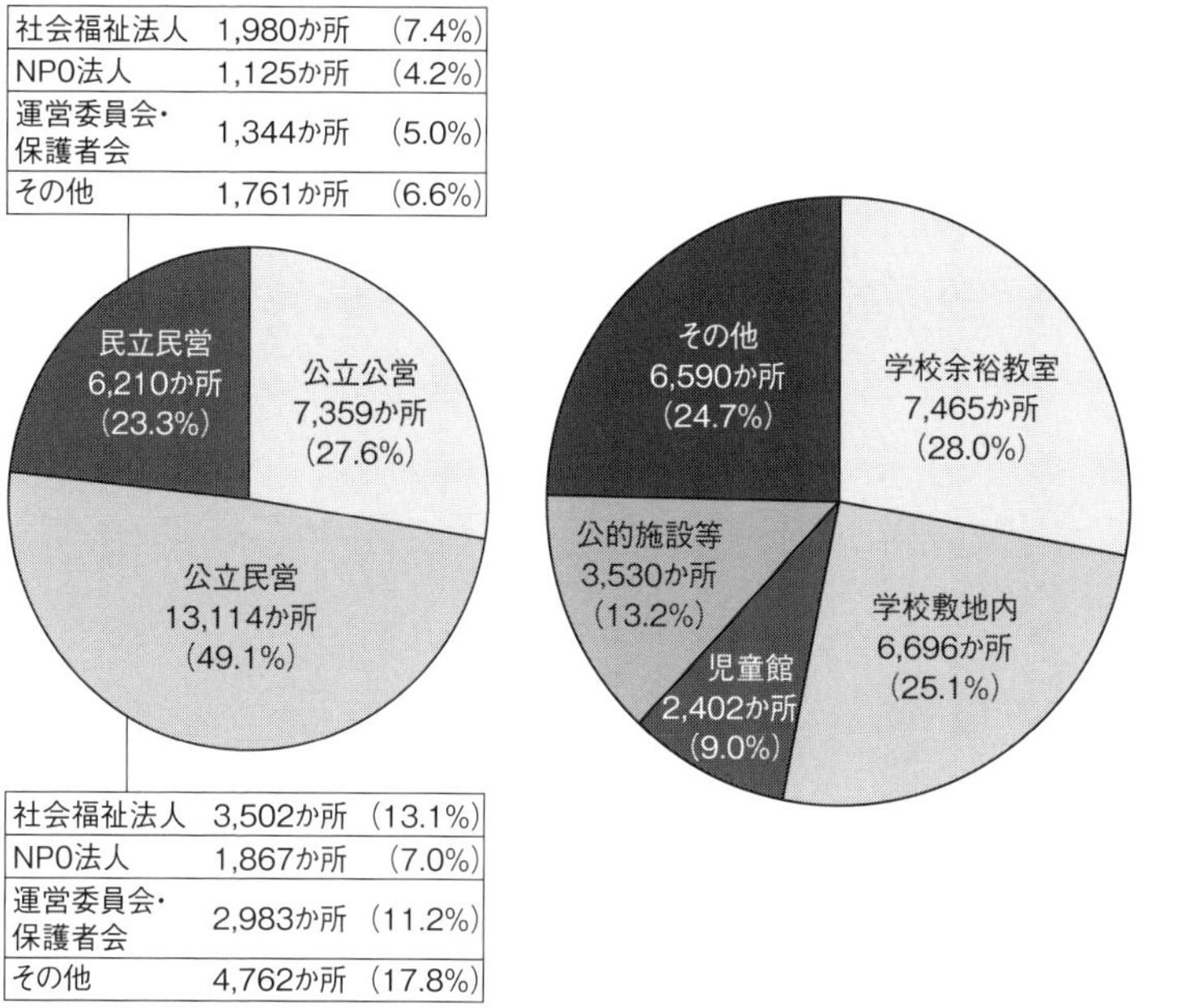

令和４（2022）年　放課後児童健全育成事業（放課後児童クラブ）の実施状況

場所（右の円グラフ）がバラバラであることは一目瞭然です。特に、運営形態は三つに類型化されているように見えますが、合計で72・4パーセントを占める「民営」には社会福祉法人から民間企業に到るまで、実にさまざまな運営主体者がある点は大きな特徴といえます。

さらに、個々の学童保育所においては、現在に到るまでの経緯や背景がそれぞれにあります。例えば、まったくゼロからの状態から誕生したばかりのところもあれば、数十年もの歴史のあるところもあります。指導員が子どもや保護者から厚く信頼されているところもあれば、不信感を抱かれてしまっているところもあります。指導員たちがお互いに専門職意識を持ったプロフェッショナルチームになっているところもあれば、個人的なつながりの延長にある仲良しこよしな集団になっているところもあります。学校や地域から期待されているところもあれば、邪魔者扱いされているところもあります。これらは極端な例かもしれませんが、実際にバラバラゆえに起きている現状でもあるのです。

そのため、学童保育所へ勤務する際には、これらがプラスに作用する場合もあれば、マイナスに作用してしまう場合も少なからずあるわけです。ちなみに、私が9年間務めてきた学童保育所は、これらが明らかにプラスへ作用していました。そのため、子どもや保護者、学校や地域とも関係性を築きやすいところでした。この点において第Ⅱ章の田中さんは、スタート段階からかなり厳しい状況だったようです。そこから、彼は見事にさまざまな人たちとの関係性を築き上げていきました。本当に頭が下がります。

学童保育所も学校や幼・保・こども園と同様に、さまざまな人や機関との関係性の中で存在しています。そのため、どの指導員もある一定水準の関係性から始められたら良いのですが、バラバラな状況のためにこの一定水準が担保されないまま、まるで最近よく使われている「ガチャ（この境遇は自分のせいではなく、環境のせいであることを意味して使われるようになりました）」を切り離せないわけです（もちろん、学校や幼・保・こども園にも少なからずあるのですが、学童保育所はそれ以上にということです）。そこから関係性を構築していくこともまた「いっぱしの指導員」になるためには必要不可欠なキャリア形成といえるでしょう。

（4）働き続けることの難しさ

すでに述べてきたことですが、「いっぱしの指導員」になるためには、個人差があるにしても、それなりの勤続年数を要します。ところが、2015年以降には処遇改善事業などが整備されるようになったとはいえ、いまだに「劣悪な処遇」という言葉が多くの指導員にとって切っても切り離せない状況です。2000年代に入っても、公立・民間あわせて勤続1～3年目の指導員が半数を占めていると、全国学童保育連絡協議会が指摘し続けていたほどです。

そのため、モチベーションの高い指導員は、ある程度「武士は食わねど高楊枝」の感覚を持って続けてきたのですが、そういう指導員ばかりではありません。ついこの間、子どものかかわりや学童保育の未来について熱っぽく語り合っていた指導員仲間が、気づいたときには退職していた、などということが決して珍しくはありませんでした。だからこそお互いに同志として絆を深めていけたり、保護者の方々の支えがとても心強く感じられたり、改めて自分は子どもたちのためにがんばろうとしているのだと確認できたり……。先ほども「冷遇時代の副産物」という言葉を使いましたが、働き続けることの難しさを感じるからこそ、当たり前ではない有難さを実感できることが多かったように思います。そして、そのたびに「いっぱしの指導員」になろうと腹を括ってきた方々が、いまの学童保育を支えてきたともいえるのではないでしょうか。第Ⅱ章の田中さんのライフヒストリーの中には、この「腹を括る瞬間」がたびたび描かれていますが、現在とはまた違う当時を共に指導員として歩まれてきた方々は、強く共感していただけることと思います。だからこそ、いま、指導員として歩き始められた方々にもご紹介したい内容でもあるのです。

ところで、「いっぱしの指導員」とはどういう指導員なのかについてはお茶を濁し続けてきました。「いっぱしに稼げる指導員」「いっぱしに子どもと遊べる指導員」「いっぱしに個別支援ができる指導員」「いっぱしに保護者とやりとりできる指導員」「いっぱしにクラブ運営ができる指導員」……いろんな「いっぱし」があります。この点については、第Ⅱ章の田中さんのライフヒストリーと第Ⅲ章の鈴木先生の論考を読んでいただきながら、みなさんにとっての「いっぱし」を探究していただければ幸いです。

さて、最後にもう一度私の話をさせてください。私自身は、結局のところ指導員としては道半ば……。「いっぱしの指導員」どころかまだまだ「半端な指導員」でした。今思ってみても恥ずかしいことばかりです。当時かかわってきた子どもたちは、すでにみんな成人しているのですが、彼ら彼女らと思い出話をするたびに、「よくそんなことやってたな……」と反省することしかありません（汗）。とにかく熱意だけはいっぱしで、そのほかはすべて半端だった私が、あそこで指導員を辞めずにあと10年、20年と続けていたらどんな指導員になっていたんだろうと思いを巡らすことがいまだにあります。

そんななか、当時から同志として絆を深めてきた田中さんと共に語り合ってきたことは、私の心を満たしてくれるものばかりです。おこがましいことですが、「あっ、自分も田中さんみたいになれていたのかもしれない」……そんな思いを持ちながら田中さんの話をお聞きすることが多々あります。私の中で、どこか10年目以降の私自身と田中さんとを重ねているのだと思います。

みなさんもよろしければ、次の章の田中さんのライフヒストリーに、ご自身を重ねてみながら、読み進めてください。そして、第Ⅲ章・第Ⅳ章の鈴木先生の論考では、最新の学童保育研究の一端を感じ取ってみてください。それでは、私の章はここで終わりにいたします。

第Ⅱ章　学童保育に魅せられて——ある指導員の20年

はじめに――そうだっ！　学童保育指導員になろう！

名古屋にある某観光ホテルのフィットネスクラブインストラクターを退職後、２００３（平成15）年８月から、故郷の滋賀県湖南市に戻った私は、幼稚園教諭の資格を活かして、子どもたちと過ごすことができる仕事を探していました。たまたま新聞の折り込みチラシで見つけた「学童保育主任指導員募集」の文字に惹かれて、菩提寺学童保育所みちくさクラブ（当時は菩提寺学区学童保育所みちくさクラブ）へ足を踏み入れました。当時、学童保育の「が」の字も知らなかった私にとって、それは想像もつかない世界でしたが、家族の後押しもあり、面接を受け、無事採用していただくことになりました。

実は、みちくさクラブに就職が決まるまでの間、当時の保護者会長であった西沢さんから4回も電話をいただいていました。そのすべてが労働条件、給料に関する内容でした。「こんな給料で来てもらえるか」「26歳って世間では結婚したり家建てたりしていく時期」「心配で心配で申し訳なくて」と、西沢さんは親身に私のことを心配してくれました。まだまだ市内では珍しかった男性指導員。時給７００円台、社会保険なしという条件を、バリバリの働き盛り世代の男性が受け入れること自体、稀有に思われたのも当然でした。

受け入れ側も必死だったと思います。「大丈夫です。お金はあとからついてきますから。子どもたちと一緒に過ごすのが役割ですから」と殊勝に答える私に、「そう！そう言ってもらえると嬉しいけど……。じゃあまた何日後に……」と、電話を切られた西沢さん。自分の働き方次第で労働条件はよりよくできると、当時の私はかなり楽観的な姿勢でいたことを覚えています。

私は、何か決められたことをこなしていく仕事よりも、自分が自由に考え、実践していくような仕事に大きな魅力を感じていました。「くたびれたおっさんが夕刊フジを読みながら帰るような人生だけは送りたくない」と、何かの歌にあったように、以前インストラクターという特殊な道を選んだときも、自己実現できるかどうか、自分が自分らしくいられるかどうか、自分が好きなことかどうかという点がとても重要でした。そして人生二度目の転職先として選んだ学童保育も、当時は運営指針や設備運営基準などなく、児童福祉法に位置付けられたばかりの年（1998年）でしたが、何にも縛られずにやりたいことをとことんできる仕事だと知ったことで、自分をまるごと捧げられると感じたこと、いや感じてしまったことが、労働条件をあまり気にしなかった大きな理由でした。やったらやっただけ返ってくる仕事なんやという、自由度の高さに大いに魅力を感じていたのです。

さらに大きかったのは、面接の際に西沢さんの娘であるナホ（当時2年生）と、副会長の北井さんの娘のサキエ（同）がいたことでした。面接会場は六畳の和室で、その回は九名もの方がひしめくように座っていたため、私は出入口付近に座ることになったのですが、この二人がしょっちゅう私を確認しに来るんです。「次に来るヤツはどうも男らしい。どんなヤツかこの目で見とく！」と話していたというナホ。二人は保育ルームを「きゃははは！」と走っては私の隣で止まり、チラ見。またすぐ離れてダッシュ、そしてチラ見、をずっと繰り返していました。私も振り向かないわけにはいかないので何度も目を合わせていましたが、面接が終わったその日の夜に、ナホが「絶対あいつをとれ」と母に厳命したそうです。「ナホが『絶対とれ』『絶対とれ』ってうるさいんです」という言葉を聞いて、私は大いに安心したものでした。

そんな経緯で、私はこれから待ち受ける苦難を想像もせず、意気揚々と学童保育指導員生活をスタートさせたのでした。

さっそくこの日に、私の当時の姓が山岸であったことから、子どもたちに〝ヤマ〟と名付けてもらいました。

第1期　オレがなんとかしたる〈2003年～2008年〉

勤務初日のカンチガイ野郎

ナホの後押しを受け、学童保育の世界に飛び込んできた私。しかし、勤務初日から、私は子どもたちから大きな洗礼を受けることになりました。それは、大半の子どもたちが「嬉しい」「おもろい」と言ってくれる中で叫ぶように6年生のマリが言い放った「いつやめんの」という言葉。そして、2年生のナナミの「うち、指導員23人知ってる」でした。この二つの言葉は、今も鮮明に覚えています。決して忘れることができない二つの言葉から私の学童保育指導員としての生活が始まったと言っても過言ではないくらいです。

また、それがとても大きな意味をはらんでいる言葉であることを、このときの私はまだわかっていませんでした。それどころか「はい？　何て言った？」と、この子たちに感情的に詰め寄りかけてしまう始末でした。〈こっちは来てやってんのに、何なの初日からその言葉は！　来るなってことか？〉私は彼女たちの言葉を「いつやめてくれるの」と捉えたのでした。

それはその後も続きました。面接時に私をあれだけからかっていたサキエでさえも、マリと同じように「いつやめんの」と聞くことがありました。グランドの片隅で、そのころは乗れなかった一輪車に跨りながら話していたと思います。〈何なんっ！　いつもいつも！〉と、イライラしてきた私。「わからん」と答えるのもしゃくだったので、何も思わず「うん、サキエちゃんが卒業するまではいるよ」と気持ち半分で答えました。急に真顔になり「ふーん」と私から離れるサキエ。「彼女のためにもここにいなきゃいけない」とまでは思っておらず、ほんとうに軽い気持ちで答えただけでした。

私は、前任の主任指導員の顔を知りません。お名前は何度か聞いていましたが、それはすべて子どもたちの話でした。それも「あの先生はいっぱいあそんでくれたなあ」「あの先生はやさしくて、おやつも作ってくれたなあ」「前の先生はそんなことといっぱいしてくれてん」と、私と前任者を比較するようなものでした。それをわざわざ聞こえるようにつぶやく子どもたち。当時、それこそ日が暮れるまで汗と砂にまみれてドッジボールやおにごっこ、野球、サッカーとやり尽くしていたにもかかわらず、この何とも言えない「ようわからん」感情と、「どうも自分がやっていることがズレてるんちゃうか」という焦りとが入り混じったような、そんな感覚になっていました。

誰も「それでええ」とは言ってくれない。同僚の指導員は「たぶん、いいんちゃう」「おもろいと思ってくれたらそれでええやん」などと言ってくれましたが、まったく手ごたえがありませんでした。「これでええねんええねん」と自分を励ましながら、とてもしんどい毎日を送っていました。そして、そのイライラを、翌日の保育で子どもたちにぶつけていました。竹返し用の竹を壁にぶすっと突き刺しておどしていた2年生男子を見て、「何してんじゃあ！」と思いきり詰め寄ったとき、私の脳内にあったのは、「俺のどこがあかんねん」でした。

保護者への対応も、それは散々なものでした。「来てくれてありがとう」「うちの子すごく喜んでいます」「ヤマさんとあそんだ日は、洗濯する時に見る靴下の砂の量でわかる」など、嬉しいことをたくさん話してくださる方もおられました。しかし、「まだあなたを指導員として見ていません」というサインが否応なしに発信されていることも、私にはよくわかるのでした。「あなたでは、子どもを安心して預けられないんです」と、面と向かって言われたこともありました。

どうしたらええんやろ……、そんな毎日でした。

当時の私をひと言で言えば「世間知らず」、それこそ「全部俺に任せときゃええ」というカンチガイ野郎でした。入職当初、壁に掲示されていた子どもたちの下校時（登所時）の写真を見ながら、同僚指導員が「この子、けっこう活発でやんちゃです」と教えてくれたときも、その子にあったこともないのに「何をそんなに決めつけんねん。俺に任せときゃ大丈夫や！」と頭の中で呟きながら、「あっ、僕に任せてもらえれば大丈夫です！」と実際に言い放っていたことを思い出します。

入りたての指導員が子どもたちからよく言われるという「なあ、あそんでいい?」。1年目の夏休み。みんなで一緒にあそぼうやと、集団あそびの取り組みを始めたことがありました。「みんな一緒に同じあそびをすることを通して、タテヨコの連帯関係を作るんや!」と、子どもたち全員を強引に誘って外へ。あそびはもちろんドッジボール。集団あそびと言えばもうそれしか思い浮かばないような、浅はかな知識しか持ち合わせていませんでした。いざドッジボールを始めてみると、子どもたちはそれなりに盛り上がりはするのです。当てて当てられて「よっしゃー!」とガッツポーズ。当てられた子は外野へ向かう。そこで始まるのは、しゃがみこんでの砂いじりでした。ボールも回ってこない、大人にやらされている感、やりたくてやっているわけではない空気でいっぱいなのに、私は「何座ってんだ! やる気あんのか!」と大声で叫びまくっていたものです。しぶしぶ立ち上がる外野の子どもたち。子どもたちは困惑するしかなかったでしょう。そして最後に「なあヤマ、あそんでいい?」のひと言……。子どもたちにとって、このとりくみは「あそび」になり得ていなかったのでした。

実地研修と試練のスタート

こんな私の姿を見かねたのが、当時の保護者会事務局長の小島父さんでした。「子どもたちへの向き合い方を学んできてほしい」と、男性指導員が勤務する湖南市内の学童保育所へ１週間の実地研修に赴くことになりました。

この先輩指導員は、保育実践とはなんぞやということよりも、ひとりの人間として仕事に誠実に向きあうことが、これまで社会的な認知度が高くなかった私たち学童保育指導員に課せられた使命だと説かれる方でした。

実習初日、子どもたちが帰ってくる前の保育準備の一環として掃除をしていたときのことです。先輩は、手にしていたほうきをおもむろに降ろすと、クラブのロッカーを指して「掃除はきれいにするだけやないんやぞ」とひと言。「このロッカーを見てみろ。いろんなもんが散らかってるやろ。この散らかり具合から、前日のこの子の気持ちに思いを馳せるんや」。私は、それまでの価値観をひっくり返されたような気持ちになりました。そんなふうに掃除をしたことなんてなかった。それどころか、当時の私は掃除をすること自体ほとんどありませんでしたから、とても大きな衝撃を受けたことを昨日のことのように思い出します。

真実は細部に宿ると言いますが、子どもを理解しようとするならば、いたるところにそのヒントは潜んでいるのだということを教えていただきました。先輩と話すたびに「俺、いままで何してたんやろう」「保育の何を見てたんやろう」と、思い返さずにはいられない気持ちになったものです。こうしてみたらという具体的なアドバイスもたくさん教えてもらったのですが、先輩が重要視されていた仕事への向き合い方、姿勢、考え方こそ、当時の私にとって必要なものでした。

実習を終えて、みちくさクラブに戻ってきた私。とにかく教わったことをどんどんと取り入れていくことにしました。掃除に関してだけでなく、これまでずさんだった保育記録の在り方を見直したのもこの時期でした。これまでは、いわゆる「業務日誌」の裏面を使ったメモ書き程度のものだったのを、一人一冊ファイル（当時はノート）を用意し、自分がかかわった子どもについて記録をする方法に変えました。この形は今でもずっと続けています。そのファイルを活かして、翌日の打ち合わせで報告や検討をすることも始めました。突然の大胆な変更に、同僚の一部からは「もうついていけへん」と辞めてしまう方までいたくらいです。「これくらいのことで音をあげる人を、オレは後追いしない。今は淘汰の時期なのだ。自分ももっと保育を追求していきたい」。そんな思いに変わっていったのでした。

そんなある日、雨天時の室内で大きな事故が起きました。雨天時の室内は湿度も室温も高くなり、子どもたちのテンションが上がりやすくなります。そんな基本的なことさえも頭になかった私は、3年生のヨウスケら男子八人ほどで始まった「船長ごっこ」を「何と子どもらしいんだ」と、見とれていました。壁を背にして置いていたオルガンを船の頭（船首）に見立て、片足をオルガンにかけ、もう片方の足をイスに乗せ、またがるような姿勢で「いけえ！」とタオルをぐるぐる回し叫ぶヨウスケ。他の男子たちは壁とオルガンの間にひしめくように座り、ヨウスケと同じように「いけいけ！」と興奮気味に叫んでいました。しかし彼が二度目の「いけえ！」を発した際に、オルガンが前方へ傾きはじめ、瞬く間に「ダアーン！」と床に倒れたのでした。ヨウスケは「やばい！」と自分の右手を床に伸ばしてついたのですが、その瞬間「ボギッ！」という鈍い音が私の耳に届きました。「まさか」と私が駆け寄ると、ヨウスケの右ひじが「曲がってはいけない方向」へ大きく曲がり込んでいたのでした。

「いたいーっっっ！」と絶叫するヨウスケ。明らかに骨折していることがわかりました。私は玄関から使われていない持ち主不明の傘を取って、大慌てで彼のその腕を固定しながら、近くの病院に連絡して搬送の準備をしました。母親にもすぐさま電話で状況を報告しました。しかし、その病院では処置できないことがわかり、市外の総合病院へ救急車で移動することになりました。到着するとすぐに車いすに乗せられたヨウスケは、そのまま骨つぎを受けることになりました。「ぎゃあああ～」という絶叫が聞こえてきたそのとき、ヨウスケのお母さんが駆けつけてくれました。「お母さん、ほんま申し訳ないです！」「大丈夫大丈夫！　それよりも迅速に対応してくれてありがとう」というお母さんの言葉が、この上ない救いでした。骨つぎは無事成功し、何事もなかったようにケロッとした表情で出てきたヨウスケは、母親と帰路につきました。

病院の職員の方に送っていただくことになった私は、しばらく待合室で待機することになったのですが、もうぐったりしたりして動けないほどでした。すると「ヤマセンかあ？」と看護師さんが部屋に入って来られました。見たことあるようなないような顔の女性。「覚えてへんの？　シオリのおかんやん」「はい？」「〇〇クラブ来てたやろ、あの時いた子どもの母です。はいこれ、忘れもん」と、私の下靴を差し出されたのでした。「あっ！」先述した実習先の学童保育所の保護者であったシオリさんのお母さんが、その総合病院の看護師さんであることにも驚きましたが、私は近くの病院に自分の下靴を忘れてきてしまったことすら気づかないほど、ヨウスケの骨折に気が動転していたんだなあとしみじみ感じたものです。

「ヤマセンもこれでやっとスタートやな！」とシオリ母。先輩たちが通ってきた試練の道の第一歩を踏み出した日でした。

コワい存在だった保護者に知らせたい！

その頃、私にとって「保護者」という存在は恐怖そのものでした。月に一度の保護者会は、胃が痛くなるものでした。

子どもと遮二無二あそんでいるように見えても、どうしてもその向こう側にいる保護者を意識してしまう。何をしていても「保護者にどう思われているか」が気になり、不安で仕方なかったのです。毎日のお迎え時間、子どもの様子について気持ちを込めて話すのですが、無意識にびくびくして何も伝えられなくなってしまうので、保護者も懐疑的になります。しまいには「そんなにびびってモノが言えないならやめろ」「今のあなただから預けられないんです」とまで言われる始末。まだ「あなたを指導員として見ていない」というサインをひしひしと感じていました。

あかん。このままではあかん。このままではいやだ、と強く思いました。なぜここまで総スカンなのか。なぜここまで自分に自信がないのか。考え悩みながら、ふと思ったのが「役員さんは自分のことを理解してくれている」ということでした。「役員さんとの関係は良好なのに、それ以外の保護者とはどうして険悪なんだろう?」私の思考回路が変わり始めるのがわかりました。

役員さんたちは「子どもたちの様子や私のことを詳しく知っている」ということでした。役員さんとは、ありとあらゆることを話していました。子どもたちの様子をはじめ、同僚指導員の様子、お迎え時に気になること、私自身のこと、ときにはプライベートなことまで。だから役員さんは私のことをよく知っている。しかし、他の保護者はそうではありません。お迎え時間という限られた機会の中で話す子どもたちの様子だけでは、「話の向こう側」を知ってもらうことができなかったのだと思いました。

じゃあ、どうしたらいい。伝えればいい。伝えて知ってもらえばいい。より詳細に、思いを込めて子どもたちのきらりと輝くエピソードを文字にして伝えよう。そこから私は、通信（おたより）を書くようになりました。

通信を書く際に私が気を付けたことは、どれだけ忙しい保護者でも手に取って読み切ることができるA4サイズに収めること。主人公として登場する子ども以外にも役割と出番があるように、通信のタイトル「みちくさだより」の文字を子どもに書いてもらうこと。そして、単なるお知らせにとどめない「エピソードを書く」こと。これを週1回以上発行する決意を固め、実行していきました。

この通信作成に際して参考にしたのが、共著者の中山芳一先生が学童保育現役時代に書かれていた通信でした。子どもがタイトルを書くということなど、ほとんど丸パクりです。学んだことを実践に活かす。活かさなければ学ばなかったも同じこと。そう肝に銘じて、大いに先人たちを真似ていく時期でした。やがてそれが自分の「定石」となり、仕事観を定着させることにつながったと思っています。

通信による状況の変化は、今でも鮮明に記憶しています。突然、どーん！と衝撃がきた感じをよく覚えています。初回の内容は「まだまだ遊び足りない中、お迎え時間になってしまった子どもの涙」というものでした。翌日、ほぼすべての保護者から「よかった」「感動した」「こういうことをもっと続けてほしい」という感想を次から次へといただきました。なかには涙を見せられる保護者もおられました。

これまでは通信を出しても、その内容の拙さからファクスの裏紙に使われたり、校長室へ届けてもそのままゴミ箱の中に入れられたりしたものでした。それを「しょうもない内容やから、そんなことになるんや。これは取っとかなあかんと思わせるような通信づくりをしていこう」というエネルギーに変えようと思い作ったものでした。見向きもされなかった通信が、たった1枚でも、「伝える」だけでこれほどまでに保護者の安心に応えることができる。そんな嬉しさと安堵のあまり、その夜は私も泣きました。

どんな境遇や環境であっても、親たちは子どもたちの喜怒哀楽やいきいきした様子を知りたいこと、さらに現場の指導員の子ども観、仕事観を知ることで安心できるということがわかりました。保護者は通信に書かれている文章だけではなく、「なぜこの記事を書いたのか」「指導員は何を大切にしようとしているのか」「こんなことまで大事にしてくれているのか」といった、子どもの様子の向こう側に見える指導員の子ども観、保育観を見てくれているのでした。

通信に大きな手ごたえを感じた私は、以前よりは自信もつき、「あのときの○○くんの表情、お母さんに見てもらいたかったなあ」と、保護者と面と向かって堂々と話すことができるようになっていました。

この時期は、学んだことをとにかく一生懸命発信していました。それは、保護者に少しでもみちくさクラブのことを知ってほしいという思いや、少しでも安心してもらいたいという気持ちがきっかけでした。それに、「こういうことを大事にしている私という存在を認めてほしい」という気持ちもどこかにありました。数年前の、「あなたではダメなんです」と言われたことが私の大きなトラウマとなっていたことが、今振り返ってみると、よくわかります。

先輩たちから学びまくれ

「通信」には手応えを感じたものの、まだまだ学んだことを発信する段階で、毎日「これでええんか」の繰り返しでした。そんなときに声をかけてくれるのは、先述した市内の先輩指導員でした。毎週開かれていた市内の指導員会議でも、右も左もわからぬ体育会あがりの私に目をかけてくださいました。

なにより、週に一度は保育後に先輩の学童保育所へ赴き、飲み会（当時はこんなことも自由気ままにできていたんです）という名のもとで、私の稚拙な実践を揉みに揉みまくってもらった経験がどれだけ大きいものだったか、はかり知れません。夜な夜な飲んでは泊まり込み、翌朝帰宅なんてことも珍しくありませんでした。

辛かったですよ。褒められることなんて一切ありません。何を話しても「それでええんか」と厳しいものでした。時間よ早く過ぎてくれ、と祈りに近い思いに駆られながら過ごすあの空間。往路の車中では何度も「中止になる何かがいますぐ起きてくれ」「先輩体調悪くなってくれ」など、どれだけ思ったことか。しかし、「先輩に実践を揉み倒される」経験がなかったら今の私はないと断言できるから不思議です。先輩と話すたびに「俺、いままで何してたんやろう」「子どもの何を見てたんやろう」と、いつも思い返さずにはいられない気持ちになりました。負けず嫌いな私です。帰りの車中では、「いつか見てろ」というパワーがふつふつと湧いてきました。この頃の私に芽生えた思いは、「井の中の蛙になったらあかん」「動かない水はよどむ」でした。

私は「わからなければ学ばなあかん」と、全国規模で行われる研修会にも足繁く通うようになりました。そこで得た教訓も、非常に大きなものでした。

初めて参加した全国学童保育連絡協議会が主催する全国学童保育研究集会（以下、全国研）。私が参加した分科会は、主に学童保育の基礎を学ぶ内容で、講師は指導員歴20年以上という大ベテランの男性指導員でした。柔和な語り口で進められた終盤、「みなさんの学童保育所に『いつやめんの』って聞く子いませんか？」と、ドンピシャな質問が講師の口から出たのでした。「いる」と私。「そういう子どもって、これまでたくさんの大人たちに、放課後の生活を裏切られ続けてきたんです。『また明日ね』と約束しても、もう次の日にはいない。そんなことを繰り返し経験してきたから、子どもたちは新しい指導員が入ってくると、不安と妥協とわずかな希望を抱えて聞きたくなるんです、『いつやめんの？』と。だから辞めてはいけません。失敗したら、またやりなおせばいいんです」。私は、はっと目が覚めた気持ちになりました。だからマリもナナミも聞かずにはいられなかったんや……。講師の先生は、学童保育の社会的な価値や、ご自身の保育実践・体験談についても堂々と述べられていました。この日を境に、私は「どんなことがあっても辞めないこと」を決意するのでした。

また、「キラリと輝く子どもの姿を発見するのが私たちの仕事」という言葉に巡り合ったのも、この時期の県内の研修でした。滋賀を代表するベテランの女性指導員が話されていたこの言葉は、私の仕事における座右の銘になっています。「やらんとこうと思ったらいくらでもやらんですむ。でも、やろうと思ったらいくらでもやることある」という言葉も、先輩指導員のノートのメモ書きからこっそりパクったものでした。さらに、大阪から実技研修で来ていただいたベテラン指導員に「けん玉、どうやったらうまくなりますか？」と聞いた際、「『この技できるまで絶対家帰らへん！』って思って練習すんねん」という、思ってもみなかった言葉をもらったこともありました。つばめ返しという技ができなかった私は、この言葉を支えに、夜な夜な誰もいない室内で練習に没頭し、腱鞘炎になりかけるまで続けたものでした。

付け加えるなら、この本の共著者でもある指導員時代の中山芳一先生と出会ったのもこの時期です。全国学童保育連絡協議会が主催する全国学童保育指導員学校（西日本会場）の前夜、共通の先輩指導員を通して開催された交流会（飲み会）の席で初めて顔を合わせました。私にとってはとても畏れ多い存在なのに、年齢がひとつしか違わないことを知り、「なんとかこいつの背中に爪痕を残したい」というライバル意識に燃えたことをよく覚えています。その夜、彼の宿泊先を訪ね、口角泡を飛ばしながらアツくしつこく、どうでもいい些細な話に噛みついていたものです（中山さんは、そんな当時の私のことを「狂犬」「ジャックナイフ」と呼んで今でもからかってくれてます）。

この時期の私は、とにかく外へ外へと動き回っていました。先輩指導員との濃厚すぎる夜、外部研修でのたくさんの仲間との出会い、これらすべてが今の私の礎となっています。しかし、そこでの語りは、「こうしたら失敗する、ということは確実にあるけど、こうしたら正解、というものはない」という、反省的実践家の思いに根差したものであったことから、「こうしていこう」という方針や実践は、自分で考え抜く以外ありませんでした。そのほとんどを、私は徹底的に先人を真似るところから始めたのでした。この時期の私は、クラブの内外を問わず、活かせるものはすべて活かしたいと、曜日や時間にとらわれず、あちこち動き回っていました。ゼロから何かを生み出すことはできなくても、誰かの真似でもいいからどんどん聞いてまわろう、動いて知っていこう、というスタンスでした。

学びを保育に活かしたい

保育内容は加速度的に変わっていきました。けん玉やコマ、光る泥だんごづくり、グランドでの野球、サッカー、裏山探検、水晶探し（裏山の地質が水晶質のため天然の水晶がざくざく取れます）。

学童保育指導員専門性研究会（現在は日本学童保育士協会）で目の当たりにした手作りのあそび道具にも大いに感化され、ヤスリがけを施したわりばし鉄砲や盤ゲームなど、自分であそび道具を作ることもありました。これやろう、あれやろうと、自分が知っていることをどんどん子どもたちに「ぶつけて」いった感じです。

その結果、少しずつではあるものの、これまで荒れが目立っていた子どもの様子が、みるみる変わっていくのがわかりました。「自分がいろいろと働きかけた分、必ず何かが変わるんや」と、実践の醍醐味を味わいはじめたような感覚でした。

光る泥だんごブームに火が付いたことがありました。私が始めたきっかけは「タダでできる」それだけでした。土も砂も水、保管用の牛乳パックも、磨き上げに使うパンストやジャージ布も自宅から持ち込んだり、同僚指導員の協力で揃えたり、何のコストもかからないことがいい。失敗してもすぐにやり直せるし、何より土が大好きな私にはもってこいのあそびでした。

泥だんごづくりで気づいたことがあります。子どもたちと円座になってだんごを作っていると、必ずといっていいくらい「家族の話が始まる」のです。なぜかはわかりません。土、砂、水といった自然の要素がそうさせるのかも知れません。「家族で琵琶湖行ってきた」「うちのオカンさあ～」「お父さんいっつもお母さんに怒られてる」「弟むかつく」と話し始めます。こういう雰囲気がとてもいいなあと思い始めたのも、この時期でした。家族やきょうだいのことでもやもや悩んでるように見えたとき、意図的に泥だんごづくりに誘って話を聞いたこともありました。
泥だんご作りにどっぷりハマり込んだ私は、当時、日曜日でも一人みちくさクラブへやってきては泥だんごを作っていたことがありました。とにかく無の境地といってもいい心境で、一人ひたすら作り続けていました。泥だんごづくりの魅力は何も光らせることだけではない。光らせる技術をまず会得した上で、こうした家族の話や他愛もない話がどんどん生まれることが魅力なのだと感じたものでした。

当時2年生のトシエは引っ込み思案で、クラスの子どもたちとなかなかうまくコミュニケーションがとれないことで悩み、私にも相談してくれていました。しかし、なかなか解決の糸口が見つからない。そこで「もう、ここは開き直りや」とばかりに、たまたま私の事務机の引き出しに放り込んであった、薬局のおまけについてきたオレンジ色のウサギのキーホルダーを取り出して「これなあ、実はめっちゃ効くお守りやねん。ヤマも使ってんねんで。いろんなことから自分を守ってくれんねん！」と、気分を変えてほしい一心でウソのことを話し、彼女に差し出してみました。しぶしぶ受け取るトシエ。しかし翌日思いもかけない事態に。「ヤマ……これめっちゃ効いた！　話してくれへんかった友だちと話せた！」と、開口一番話してくれたのでした。「え、マジで」と驚く私。「そうかそうか……よかったなぁ……よかったなぁ！」と私。トシエはその後、学年末までこのオレンジのうさぎをランドセルのミニポケットに入れ続けていました。

後日、トシエの妹であるユキミのランドセルから、とても見覚えのあるキーホルダーが！　何と姉のトシエが「くれた」というのです。「学校で嫌なことがあっててんかー、ってトシエに話したときに、トシエが『これ持っとき！　これほんまよく効くで！』とこのキーホルダーをくれた」と、ユキミは興奮気味に言うのでした。そしてその効果もあった、とユキミ。彼女たちの「よりどころ」として、姉から妹へと受け継がれることになるとは、このウサギも思ってもみなかったことでしょう。お守りは、さらに三女のヒロコに伝承されたことは言うまでもありません（そのころには、キーホルダー裏面に黒ペンで書かれた「トシエ」「ユキミ」の文字が、とても薄くなっていました）。

きっとトシエは、これからも「誰かの役に立ちたい」と純粋に思える利他的な思いを大切にすると思います。信じ込みすぎてしまう心配な面もありますが、当時、このキーホルダーがなければ、彼女はどうなっていたか。これもあそびのひとつ。貴重な経験知だと感じています。

けん玉にまつわるエピソードも生まれました。当時5年生のナミは、もしかめ連続2500回というみちくさクラブの記録保持者でした。しかし彼女が体調を崩して休んだその日、一学年年下の女の子がナミの記録を抜き去ったのでした。その数計2600回。風邪が治り、二日後にみちくさクラブへやってきたナミはそのことを知りません。しかし、黒板に書かれた「新記録達成」の文字を目の当たりにした瞬間、ナミの表情が一変。その日は一日一言も話さず帰宅しました。

帰宅後の様子を母から聞いたところ、間近に迫ったピアノのコンクールのため部屋で練習を始めたナミ。母は、いつもと音色が全く違うことに気づきます。何の音だろうと思った次の瞬間、ピアノの音が途切れたかと思うと、急に鍵盤を両手でバーン！と叩く音が家中に響いたのでした。心配のあまり母がこっそりと部屋をのぞきにいくと、そこにはけん玉を片手に泣きながらもしかめを繰り返すナミの姿があったそうです。彼女のけん玉への並々ならぬ思いがひしひしと伝わったものでした。

子どもたちの大切な存在に

そしてこの時期、私にとってとても重要な出来事が起こりました。かつて「いつやめるん」と私を激しく問い詰めていたサキエ。一輪車をしながら「いつやめんの」と聞く彼女に、ぶっきらぼうに「卒業するまでやめへんよ」と私が答えたことは前に書きましたが、あのサキエです。

その出来事が起こったのは、サキエの卒業式の日でした。小学校生活最後の日。その後に控える春休みには継続してみちくさクラブに来るものの、大きな節目の日として感慨深いものがありました。小学校で卒業式を終えたサキエは、その足でご両親とともにみちくさクラブまで来てくれました。この日に向けて用意したスーツを身にまとい、それは晴れやかな表情でした。私が、「おめでとう。でもまた明日からもみちくさで会うもんな」と言うと、サキエが唐突に「なあ、覚えてるやんなあ」と話し出したのでした。「何を?」「ええ?約束したやん。ヤマ覚えてへんの」「え?」まったく見当がつかない私。約束?何の?いつ?頭の中はハテナだらけでした。するとサキエはこう続けたのです。「卒所するまでいるわって言うてたやん!　ヤマが来たばっかりのとき!　一輪車しながら!」

4年前の記憶が呼び戻されました。私が、超がつくほど適当に、ぶっきらぼうに答えたあのやりとり。それをサキエは4年もの間、しっかりと覚え続けていたのでした。言葉も出ず、驚くばかりの私。「ええ〜!　覚えてたん?　ほんまに覚えてたん?」「当たり前やん、覚えてるっちゅうねん!」おそらく私の顔を見るたびに、この人はずっとここにいてくれる、いてくれようとしている、と思っていたのかも知れません。毎日同じ大人がそばにいてくれること。このことが彼女にとってはとてつもなく大切なことなのでした。

「ヤマ、これからもがんばってや。辞めんといてや」とサキエ。「ありがとう。がんばるわ」と私。学童保育に通う子どもたちにとっての、毎日そこにいる支援員の存在の大切さを改めて思い知りました。今でも鮮明に思い出す出来事です。

はじめて書いた実践記録

初めて実践記録を書くことに挑戦したのもこの時期でした。学童保育指導員専門性研究会（現在は日本学童保育士協会）の研究大会でのご縁で「子育て家族支援研究部会」の実践検討会の報告者として声をかけていただいたのがきっかけです。それまで実践記録なんて書いたことがなかったので、たくさんの書籍やインターネットなどで調べましたが、どれもピンとこない。全国学童保育連絡協議会が発行している「実践記録集」を取り寄せては読み込み「思ったことや感じたことを中心に書くんやな」となんとなく理解した上で、私は初の実践記録「保護者と私」を発表するため京都へと赴きました。

当日は、私以外にももう一人報告者がおられました。キャリアを積まれた経験豊かな方だったと記憶しています。ど緊張の中で発表し、休憩をはさんでもう一人の発表。そして合同の質疑応答の時間になりました。ところが、質問のすべてがもう一人の方へのものばかり。私は何も口を開くことがない時間がひたすら続いたのでした。これはかなり大きなショックでした。いくら初挑戦とはいえ、私の実践記録は、何も聞きたいことや疑問に思うところがないという「とるに足らない」ものではないか。大きな洗礼でした。まとめの時間になって、ようやく「若いからって、じゃあ若かったら指導員やったらいけないの？」「人としてという感覚はよくわかるが、指導員としてということもまず考えないといけない」など意見が出された後に、ベテラン指導員さんが言われた「これからドツボにはまってね」のひと言。それで私の初めての実践検討会は終わりました。

帰りのJR琵琶湖線の車内で考えました。「ドツボにはまってねって、どういう意味やろう」と……。「これからますます楽しんでね」という激励なのか、はたまた「これからもしんどいことが続くけど、めげないでね」といういたわりなのか。もやもやした気持ちのままつり革を握っていたことを思い出します。いまではどっぷり「ドツボ」にはまっているんですけどね。

「実践記録は書いている段階で7割が解決する」と知ったのは、このとき経験したことでした。そんなことで自分は悩んでいたのか、そんなことを気にしていたのかと、書くことで自分をかなり客観視・俯瞰視できることが実感できました。この実践検討会で、私なりに実践記録という自己研鑽の重要性に気付き、毎年実践記録を書き続け、今では23本にも及んでいます。記録を書くのはとてもしんどいのですが、これらの実践記録の数々が私を支えてくれているのはまちがいありません。

運営面でも大きな変化が

この時期は、市内で長く続いていた管理委託制度が終わり、指定管理者制度が導入された時期でもありました。それと並行して、以前から検討されていた湖南市内9つの学童保育の合同運営（NPO法人設立）も始まろうとしていて、学童保育の運営もより良い方向へと大きく舵を切ろうと動き出していました。

みちくさクラブもその激動の渦中にあり、指導員体制の見直しや、増加する児童数に伴う新しい指導員の採用などが、保育以外の運営面にも大きく踏み込むことになります。合同運営化に向けて私たちは毎晩のように会議をすることになるのですが、お金の流れ、保育料、給料、社会保険制度、事務書類関係、その他ありとあらゆることを決定し統一していかなければならない会議は、想像以上に大変なものでした。私も理解できないところがあり、もう少し経験を積んでいれば力になれたのに、と歯がゆい思いでした。

連日深夜まで繰り返される会議。その度に細部まで詰める必要があったため、非常に重苦しい雰囲気の中で湖南市の将来の姿を考えていました。最終的に合同運営は日の目を見ませんでしたが、その意志は後にみちくさクラブ単独でNPO法人を設立することに継承されます。

何から何まで初めての体験、しかも連日の会議で、私はかなり疲弊していました。やっと来てくれた指導員が数日後に退職するなど、安定しない時期が続いていました。それまでは子どもたちとのあそびに没頭するだけでよかった私でしたが、多くの会議や指導員組織にも深く没入する必要に迫られました。「こんなはずやなかったぞ」とも思ったし、しんどいこともありましたが、こういう組織マネジメントの経験がいつか自分の財産になる、と言い聞かせて踏ん張っていたものでした。

そんな波乱の時期にみちくさクラブにやってきたのが、アミナでした。以下に掲載する実践記録は、アミナを通して子ども中にある、そこを突かれたらハラハラ崩れ落ちるポイントを突くこと、すなわち子どもの「心の琴線」に触れることの大きさを知ることができた。そんな思いで書いたものです。

【実践記録1】アミナとの出会い

自閉スペクトラム症（高機能自閉症）とADHDを併せ持つアミナは、彼女が1年生のころに、それまで放課後の時間を共に過ごしていた祖母が亡くなったことがきっかけでみちくさクラブへ入所しました。

驚かされたのはその豊富な知識と知見です。3歳のころからパソコンはブラインドタッチをこなすことや、漢字も苦にせず読解すること、「学校なんかこの世にいらない」など独自の世界観を持っていて、興味の対象も身体のことや政治に関すること（「北朝鮮は……」なども口にしている）など狭く深いものでした。そんな彼女と初めて交わした言葉は「褐色脂肪細胞は脂肪燃焼に効果的か」。2年生が話す言葉ではないと大変驚きました。また障がい特有の感覚の鈍麻さもあり、腹十五分目くらいまで食べ続けてしまうことや真冬でも半袖で過ごすこと、ベルトのバックルが腹部に当たって流血しているにもかかわらずまったく気づかないこともありました。

そんな彼女ですから、学校生活も難しいものがありました。支援学級の授業はいつも抜け出し、学校内を徘徊し続ける。少しでも引き戻そうものなら「私はあんたたちの操り人形じゃない」と大声で激怒してしまう。当然子どもたちは「あの」アミナ、といった見方をしてしまいます。

実は彼女が入所して間もないころ、その興味関心から、みちくさクラブのトイレットペーパーをばーっと引き出し一気に3ロール使い切ったり、水道の水を洗面台いっぱいに溜めてがしゃがしゃかき回して床をずぶ濡れにしてしまうことが頻繁に起こりました。今なら精神的な不安の解消行為だと捉え、別の場所を作るなど違った見立てや手立てを持つことができると思うのですが、当時はありったけの「知っている対応方法」でアプローチするしかなかった私。「確か視覚支援が有効と習ったぞ」とばかりに、彼女に予告もないままトイレ内にトイレットペーパーの写真を貼り「大切に使おう」と記した貼り紙を、また洗面台前にも同様にクジラのイラストとともに「水は大切に」という掲示をしてみました。ところが、それを発見したアミナは「なんでこんなもんがあるんだ」「こんなことするんじゃない」と激昂。黒マジックを手にしてガガガーッとそのイラストを真っ黒に塗りつぶしてしまったのでした。そして、貼り紙をバッとはがしてゴミ箱に捨てると、何事もなかったように悠然と流れる水を楽しむのでした。まさに「神経の逆なで」。やってはみたものの、よくまあこんな、彼女の気持ちに寄り添えるわけないかかわりを続けていたなあと、とても恥ずかしい気持ちになります。私も毎日、目の前で繰り広げられる「分からない」彼女の行動に、分別を欠いたまま対処しようとしていたのだと思います。

彼女の言動の中で最も気になっていたのは、母との関係でした。バリバリのキャリアウーマンの母。アミナが幼稚園に通っていたころに離婚され、それまで何もかも委ねることができた優しい祖母が亡くなったことで、文字通り女手ひとつでアミナを育てあげなければならない環境に一変してしまいました。ご自身の仕事と「市内で最も厳しいケース」と言われるほど言動がエスカレートしていくアミナのそばにいることは、仕事と子育ての両立を掲げられてはいたものの、想像以上に大変なことだと考えました。

母には同居されているパートナーが傍らにおられ、時折彼女の送り迎えや家事を担っておられたため、そうした点での困難さは少なかったのですが、彼女が求めているのは母そのもの。そして母もわが娘に求めるものは、自分が自分でいられる環境を大切にしたいこと。仕事に関する自己実現に邁進したいが思うようにいかないジレンマ。環境が劇的に変化した中で、お互いに「自分を求める」度合いは、母娘とも高くなっているように思えました。

私は学童保育の原点に立ち返りたいと思いました。親が安心してわが子を預けられる場所であること、そして本人も「明日も来たい」と思える場所を目指すこと。そのためにはもっとアミナのことを知っていかないと。もっと観察していきたいと考えました。

アミナはいつも本を抱えていました。みなさんがよく知っているような国民的娯楽アニメが大好きだと知ると、毎日の保育後に借りてきたDVDをひとりで見てみたり、イラストにも興味を持っていたことから彼女が好きそうな漫画を並べてみたり。あそびも、ノるノらないにかかわらず裏山散策や彼女が得意そうな色水づくり、ごっこあそび（彼女独特の世界観が大いに発揮されました）など、たくさん誘い込んでいきました。

その中で巡り合ったのが、アミナのひとつ年上のユリナでした。ユリナはアミナが魅せるその独特な感性を「おもろい」と大いに楽しんでいる数少ない子どものひと人でした。ユリナは相手の気持ち・視点に立つことを幼くして携えている感性豊かな子どもでした。お迎え時間が共に遅めで、二人で過ごす時間が必然的に長くなることもあり、ユリナはほぼ毎日アミナを積極的に誘い、ごっこあそびをして過ごしていました。私も加わる日もあったのですが、ユリナは「ヤマが入るといつも狂う」「コントみたいになる」と、やんわり拒まれてしまうこともありました。そんなユリナですから、当時やんちゃまっしぐらだった1年生の男子たちがこぞって「ユリナちゃんあそぼ」と集まったり、ユリナ自身も年度初めに決める生活班の編成の際「1年男子、全員うちの班にする」と高らかに宣言したりと、頼れる上級生の一人となっていました。私にとっても、このユリナとアミナの関係は「巡り合うべくして巡り合った」と言っても過言ではないようなものでした。ときには「アミナちゃんそれはあかん」とぴしゃりと一喝することもありました。ふだんなら「うるさい」と聞く耳を持たないアミナですが、ユリナに言われると納得する姿を見るにつけ「ああ、彼女の言葉はアミナの心に響くもんなんやな」ととても嬉しく思いました。

　そんなある春休みの日。この日はみちくさクラブの子ども有志による「けん玉披露会」のため、近隣の老人養護施設を訪問することになっていました。施設からお迎えのワゴン車が到着し、私も「さあ今からや」と意気込んで乗り込んだとき、部屋から裸足のアミナが飛び出してきて「私も行く！」と来たのです。もちろんアミナは行くことができません。行けないと言うよりも、前日アミナは「行かない」「ここで留守番する」と言っていたのでした。「アミナ、今日は代表メンバーで行ってくるから留守番お願いね」と話すも「いやだ、行く！」と強引に車に乗り込もうとするアミナ。「アミナ、今日はアミナ留守番するんやで。けん玉発表する人、もう決まってるの知ってるやろ」と、やや感情的に彼女の肩に手を置き話しました。メンバーの一人だったユリナも車から降りて「アミナちゃん、アミナちゃんの分までがんばってくるから」と話すも、このフレーズが彼女の逆鱗に触れたのでした。「なんでユリナちゃんがあたしの代わりなんかできるんだ。ふざけんな！」と一方的にまくしたてるアミナ。その言葉にユリナもぷっつりきたようで「うちだってあんたにずっと我慢してきたことぐらいあるわ！」と一閃。「なんだよここ、こんなブラックなところ。ネットで流してやる！」と言い放つと、アミナは室内に上がり込み、緊急時に使用する通報装置のボタンをバチッと押し込んだのでした。ウーウーと近隣に響き渡る大音量のサイレン。「もう、なんで今やねん！」と、私も靴のまま部屋にあがりボタンをオフにしてサイレン音を消しました。直後に警察署から「どうしましたか」と電話が入る始末。ずっと待ってもらっているワゴン車。「ここはブラックなんだよ！みんなネットで流すから」と絶叫しているアミナ。「もうあそばへん」と怒るユリナ。「アミナ！」と感情的になる私。何よりその様子をずっと見ていた多くの子どもたちの視線……。

出発の時刻はとっくに30分以上過ぎていました。とてもじゃないがこのまま施設を訪問するなんてできやしない。ワゴン車の運転手さんに事の顛末を話して、訪問の日を変えてもらうことにして、この日は部屋に戻りました。アミナは事もあろうに、そんな喧騒はどこ吹く風といった様子で、すでに部屋の片隅で寝転んで本を読んでいました。しかも笑っている。「アミナ……自分がしてることわかってるか」。私は思わず迫ってしまいました。しかしすでに本に夢中な彼女には全然届かない。嘆息するしかありませんでした。

夏休みのお昼寝時間。ようやく寝静まったなあと薄暗くした部屋を見回していると、台所からピチャピチャと聞きなれない音。見ると、見たこともないくらいの大きな「泡の坂道」ができていたのです。流し台から床までが一列でつながった、すべり台のような形の泡。床一面水浸し。そのど真ん中でアミナは、自分も泡まみれになりながら、ありったけの洗剤を使って泡あそびをしていたのでした。ようやく寝静まったと思ったころの大量の泡、水……。はじめは夢かと思いました。どういうことだ。何が起こっているんや。すぐに「これは現実なんや」と切り替え、アミナのもとへジャブジャブと向かい、洗剤を取りあげて「何してんの」と言う私に、「あははは、あははは」と笑うアミナ。これまで幾度となく繰り返されてきたこのアミナの問題行動に業を煮やしてきた若い私は、ここでブチ切れてしまいました。なぜ私の思いがうまく伝わらないのか。なぜアミナの行為がおさまらないのか。なぜ、なぜ、なぜ……。一気に涙がこみ上げてきました。そしてとうとうアミナを掴み上げ、ダーンと床に倒した私は「何でわかってくれへんねん！」と、それまでの思いのたけをアミナにぶつけてしまったのでした。もう私もアミナも水浸し。しかし関係ありませんでした。自分へのふがいなさ、足りなさ、理解の乏しさ、情けなさ。感情という感情を、私はアミナにぶつけたのです。するとアミナもワッと泣き出し「私知的障害なの、知的障害なの」と繰り返したのでした。今ならまちがいなくここで立ち止まれます。いやそれ以前に、こんな水浸しにさせてしまうようなこともないと思います。しかし、当時の私はこの重要な言葉に引っかかる余裕もなく「じゃあ知的障害やったら何やってもいいんか」とさらに迫るという、散々な向き合い方をしてしまったのでした。もうお昼寝どころではありません。気付けばまわりの子どもたちも起きていて、カウンター越しに私たちの様子を見ていました。あの時感じたアミナの「どどどどど」という心拍音は、今でも耳に残っています。私も肩でハアハア息をするくらいエネルギーを使い果たしてしまいました。もうお互い立ち上がれず、私は泡だらけの水たまりに寝ころびました。もう後悔しかない気持ちの私。「ああ、やってもうたなヤマ」とつぶやくと、アミナもばしゃんと寝ころび、親指と人差し指でつくった輪っかのシャボンを吹いて膨らませながら「これきれいですね」とひと言。「きれいやな」。もう笑う力もありませんでした。

記録から新たな実践へ

アミナの行為や言動の背景や理由、障がいの特性からくるさまざまな問題行動に関して、もっと他の方の意見も聞かなければと、私はアミナとのやりとりを実践記録にしたため、湖南市内の学童保育指導員組織で定期的に行われていた「湖南市学童保育指導員会ケース検討会」で継続して報告させてもらいました。また、より専門的なアドバイスや知見、見解を示していただくために、当時、湖南市発達支援室室長だった松浦加代子先生にもお越しいただいていました。

記録に書いた二つのエピソードも報告し、みなさんに検討していただきました。松浦先生からは主にお母さんとのやりとりや最近の様子などから、とても具体的な示唆をいただくことができました（市ではアミナに関して関係機関と連携した個別ケース会議を持たれており、その中心的な役割を担っていたのが発達支援室・松浦先生でした）。

私がたいへん驚いたのは、小学校では「みちくさに行きたい」「ヤマならわかってくれる」という言葉を発しているということでした。私は、アミナにそれこそ無鉄砲極まりなく感情的にぶつかっているだけの毎日だと思っていましたから「それはないです」と答えたのですが、どうもそうではないらしい。それから数日後のことです。小学校の支援学級の担任の先生が昼休み時間に「ヤマさんの写真を撮らせてほしい」と来られました。学校でアミナさんを落ち着かせるためのきっかけとして使いたいと。「ええっ」。困惑しかありませんでしたが、写真撮影に応じました。

アミナの問題行動に関するエピソードは、いくらでも出てきます。しかし、そのすき間というか、些細なやりとりはとても楽しいものでした。一緒に本を読んでは内容を振り返ったり、マンガを描いたり、けん玉にトライしてみたり（「やってられるか」「何でこの世にこんなややこしいもんがあるんや」で終わりましたが）。奇跡的にコマを回せたり、光る泥だんごづくりをしながら「クレヨンしんちゃんはいいマンガだと思うか」について話し込んだり、もちろん彼女が得意な政治や時事ネタを聞いたり……、ありとあらゆることをいつも話していたなあと感じます。そのほとんどが、「ははは！」と笑って終わっていました。彼女が私を求めてくれたとするならば、きっとこういうすき間の、他愛もない、何てことのない些細なやりとりを楽しいと思ってくれたのではないか。そうしか思えないと感じています。

このケース検討会で、私はたくさんのことを話しました。とりわけ当時困っていたのは、彼女の「脱走」でした。ランドセルをみちくさクラブの玄関にぽーいと投げた後、そのまま近所の団地を徘徊し、知っているお友だちの家へ上がり込もうとするのです。小学校の担当の先生と連絡を取り合い、アミナに付き添って下校していただき、私もアミナの行動を把握していくことにしたのですが、目を盗んでは出ていきます。それが頻発し始めていました。

そこで、検討会の日の夜に出席者の有志で集まり考えようや、と先輩指導員が声をあげてくださり、夜間の実践検討会をみちくさクラブで開いていただきました。夜間の話し合いには5人が参加してくださいました。そこでは誰もが検討会の場では言えなかった赤裸々な思いや悩み、叱咤激励、「心の闇」のようなブラックな思いまで、時間を忘れて話し込んでいました。その中で、先輩指導員が「脱走したくなるような磁場がここにあるから、脱走するんじゃないか」「問題は彼女ではなくて、ここが彼女にとって安心できる場所になってないからじゃないか」とずばっと提言。これは私にとってとても大きなものでした。彼女にとっての安心。安心できる居場所。彼女にとって安心できること。言われたときは正直ショックでした。しかし時間が経っていくにつれて、頭の中でずっと考えているんです。帰り道でも考えていました。「彼女の安心って何やろう」「彼女の安心できる居場所って何やろう」と。その後も先輩とやりとりを繰り返した私。行きついた答えが「友だち」でした。

そして、ある土曜保育の時間を使って、私はアミナと二人きりで話す時間を持ちました。周りに誰もいない、別館の和室での話。二人とも寝ころびながら本を読んでいた時に、私は話してみました。

「アミナ、友だちほしいよな」。

するとそのひと言でアミナは、それまでの平然とした表情から表情が変わり、一気に泣き出したのです。それも普通の泣き方ではありません。目元は大粒の涙がこんなに出るのかというくらい留まることなくぼろぼろと溢れ、ああーっと声をあげた大号泣だったのです。私しかいないその空間に、彼女の嗚咽する声だけが響いていました。何度も何度も涙をぬぐうのですが、袖口も拭けないくらい涙で濡れていて、鼻水も出てくる。しかし彼女はかまうことなく、泣き続けるのでした。この泣き様に、理解してもらえない心境や偏見、大人や子どもたちから受けてきた辛辣なことばの数々、理不尽な行動、生きる意味など、これまで彼女が背負ってきたしんどさや苦しさを感じました。さらに、今まで自分が一番触れてほしかった心の奥底の思いを吐露する機会もなく、また触れてもらえるようなこともなかったこと、すなわち「孤独だったこと」を意味していると感じました。そして彼女は涙を拭きながらこう言ったのです。

「なんでわかるの」

もう言葉が出ませんでした。答える必要もないと思いました。「伝わった」そう思いました。ひとつの言葉がこんなにも子どもの心に響くものなのだと痛烈に実感していました。

私は先輩指導員から教えていただいた言葉を頭の中で何度も繰り返していました。「子どもには、そこを突かれると立ってられへんくらいハラハラ崩れてしまう『突いてほしい』ポイントがある。そこを突ける大人になりたいよね。」

今目の前で起こっているアミナの大号泣と、その中で吐露した「なんでわかるの」の言葉。保育観が大きく変わった出来事でした。アミナはその日ずっと、私のそばを離れず過ごしていました。

その後私は、室内にアミナ専用の簡易テントを設置しました。彼女が困ったときに逃げ込んだり落ち着いたりできるためのいわば「避難場所」として設置。入口に「アミナ」と名札を貼りつけ、別館内に置きました。しかし彼女はそこを一切使いませんでした。それどころか、まわりの子どもたちに「入っていいよ～」「使っていいよ～」と声をかけ、自らレゴやマンガをテントに放り込んで「あそんでって～」「入って入って」と誘い込むのでした。当然子どもたちは「わーい」「アミナちゃんが入れてくれた～」とこれを一緒にあそぶ機会としてテントにわれ先にと飛び込み、ごろごろ寝転がったりごっこあそびを始めたりと、思い思いにあそんでいました。アミナもその子たちと一緒にあそんでいました。ごっこあそびで「お母さん役」をするアミナ。たまに表情がフリーズするため「あ、戸惑ってるんやな」と笑ってしまうこともありました。

それからも彼女はテントに一度も入ることはありませんでした。しかし時を同じくして、あれだけ悩まされていた脱走が影を潜めていったのでした。私は彼女の中に、みちくさクラブに友だち（仲間）や、いざという時の環境がそろった「居場所」ができたのだと感じました。それだけではなく、「私のことを何とかしたいと思い、不格好だけど、それでも動いてくれよう大人や友だちがいる」場所こそが、放課後の彼女にとって最大の「安心」なんだろうと思いました。現在アミナは成人を過ぎ、作業所勤めの傍ら市内の発達支援室にも通っているとのこと。うまくいかないこともあるようですが、またゆっくりあそびに来てほしいと思っています。

若い若い、青い青い自分の保育実践と子ども観。しかしこの時期は、20年経った今でもけっして色あせない、今につながる「学童保育観」を、研修や学びの機会からしっかりと根付かせ続けた時期でした。

〔ヤマってこんな人〕就職当時の保護者会会長・西嶋敬子さん

〝ヤマとの出会い〟今でもはっきりと憶えています。あの日、菩提寺小学校の多目的グラウンドからみちくさクラブへ向かって歩いて来るスーツ姿のさわやかな青年を。みちくさの求人募集に連絡をいただき、面接の約束をした日です。当時のみちくさは、保護者会による決して豊かではない運営状況で、労働条件としてもまだまだ十分とは言えませんでした。パート・アルバイトとしての捉え方が強かったように思いますが、そこに就職活動として真摯に向き合ってくれたのが若き日のヤマでした。みちくさの現状を理解し、軽い気持ちではなく長く子どもたちの育ちに関わり続けてもらえるのか等々、何度も電話で話をしましたね。当時の保護者会役員、もちろん子どもたちの意見、とりわけ女子児童たちの「あの人がいい、あの人に先生になって欲しい」の声も心にとどめながら相談した結果、お願いすることになりました。

あれから十数年経ち、お世話になっていた娘も社会人になりましたが、今でも時折みちくさクラブでの出来事を懐かしく話します。学童保育所での活動は、兄弟姉妹や級友とも違い異学年の交流です。自分の立場でするべき行動を自ずと考えるようになります。そうして親子共に成長していけた大切な居場所でした。近頃難しい世の中ですが、未来につながる大事な子ども達が愛情深く、情緒豊かに、また自身も周りの人も大切に出来るように育って行くためには、放課後保育として学童保育所の在り方がますます重要になってくると思います。今後の更なるご活躍を心より応援しています。

〔ヤマってこんな人〕就職当時の2年生、卒所生OB・伊藤咲希さん

私が小学3年生になった頃だったと思います。「なんかかっこいいお兄ちゃんみたいな先生きはったで！」ヤマが初めてみちくさに来たときに、そんなこと言いながら友だちと玄関まで見に行ったことを覚えています。その時は確か指導員の先生が女の人しかいなかったので、私たちにとって初めての男の先生だったヤマはめちゃくちゃ人気でした。誰が一緒に遊ぶかで友だちと喧嘩をしていたこともありました。

当時のみちくさで行っていたことの一つに「おこづかいデー」がありました。毎週月曜日に近くのコンビニや商店に自分たちでおやつを買いに行く日のことです。私はこの日が大好きで月曜日がいつも楽しみでした。ある月曜日、おこづかいデーで商店に向かう道でヤマの隣を陣取り一緒に歩いていたときふと「ヤマもきっとすぐ辞めちゃうんでしょ？」と言いました。私はみちくさの指導員の先生がみんな大好きでした。でも子どもたちは何年もみちくさに通う中、先生たちは入れ替わっていきます。何度か大好きな先生がいなくなってしまう経験をした記憶があります。きっとヤマもそうなんだろうなあ、とずっと思っていたことを言ってしまったんだと思います。でも、ヤマは私がみちくさにいる間ずっと辞めることはありませんでした。自分が大人になった今でも、ヤマがみちくさにいてくれることが本当に嬉しいです。

ヤマにはたくさんの遊びを教えてもらいました。その中の一つがけん玉。ヤマに、「膝を使うことがコツやで」と教えてもらい、みんなで〝大皿〟に玉を乗せることをがんばっていました。壁には、基本の『もしかめ』から『世界一周』などのとても難しい技まで……、色んな技名を貼ってくれていました。ヤマはどこで練習したのか、難しい技をどんどん見せてくれていたので、「ヤマってすごいなあ。」「私もやりたい！」とみちくさではけん玉ブームに。部屋のいたる場所でみんながけん玉を練習していました。

他にはピカピカ泥団子作り。究極のサラ粉を使わないといけないことや何時間も磨いては乾かしてを繰り返さないといけないこと。ヤマは何でも知っていました。外に出たらみんなで座り込み、泥団子を作り延々と磨いていました。そして、泥団子を一番真剣に作っていたのはヤマです。卒業後のことですが、ヤマからもらったピッカピカな泥団子は今でも家の玄関に飾ってあります。

私たちとただ遊ぶだけでなくて、自分も一緒に全力で楽しむ。そんなヤマがいたから、遊びがより楽しく感じ、もっとやりたい意欲が溢れ、1日1日がより充実していたんだと思います。みちくさに、ヤマが来てくれて、一緒にくたくたになるまで遊んでくれて、ただただ嬉しかったしおかげでみちくさがとても居心地の良い大好きな場所になりました。私以外にも、そんな大好きな場所があるという子が増えるように、もうかっこいいお兄ちゃんではないかもしれないけど、これからもド真剣に遊ぶヤマでいてほしいなと思います！

第2期　オレがつなげたる〈2009年～2011年〉

より良い学童保育をめざしてNPO法人設立

２００８（平成20）年から、みちくさクラブは単独で特定非営利活動法人（ＮＰＯ法人）を設立。先述した市内九か所の合同運営という意志を受け継ぐものでした。運営や指導員体制の安定性・継続性の向上、保育内容のさらなる充実、指導員の働く環境や条件整備などを目指して、地域関係団体のみなさんや保護者、指導員など関係者が協力し、よりよい学童保育所づくりを求めて立ち上げました。

その前年から、当時の保護者会役員が中心となって準備を進めた「ＮＰＯ法人設立準備委員会」では、設立の趣旨を確認しあい、週1～2回のペースで話し合いを繰り返してきました。準備委員会を振り返ると、委員のみなさんの「ヤマたち、みちくさクラブの指導員さんたちに、少しでも頑張ってもらえるために立ち上げる」という思い。よりよいみちくさクラブにしていくために、私たち保護者も協力していくんや、という思いを大いに感じました。毎回の会議もたいへん充実したものでした。準備委員会事務局長で、サキエの父親である保護者ＯＢの伊調さんは、以前から運営に関する一切を背負っていただき、その後10年以上経つ今でも、運営の第一線で私たちの保育を支えてくださっています。感謝してもしきれません。

法人設立が叶った夜、設立準備委員会のみなさんで祝賀会と称した飲み会を催しました。この頃、私の結婚が決まっており、祝賀会には妻も参加することになりました。私は伊調さんはじめ、準備委員会のお父さんたちと飲みまくり、他愛もない話で大笑いし、楽しい時間を過ごすことができました。「よりよい学童保育所、日本一の学童保育所を作っていきます！」と力強く宣言したことを今でもよく覚えています。祝賀会の帰りの車中、妻が当時会計を担っていただいていた山名さんと相席になったことを教えてくれました。その席で山名さんは妻に「ＮＰＯ法人、ヤマがいるから設立したんです」と話されていたのだそうです。酔いも回り、感極まった私は大号泣。嗚咽を繰り返し、途中停車した道端で嘔吐するくらい感激したものです。私たちが取り組んできた保育やとりくみ。ずっと悩み続けてきた「学童保育ってなんなんや」、その道筋がまちがいではなかったんだよ、と言っていただいたように感じたのです。

深夜のバイトと掛け持ち生活

実は、この法人設立前、私は学童保育指導員と掛け持ちで深夜のアルバイトを始めていました。学童保育がまだまだ社会的に認知されているとは言えない状況であり、第三者から見ると「食えない」事業であることをかなり赤裸々に話されたことがあったこと。たしかに食えないことはないけれど「食い続けていくことはできない」状況であったことが、深夜バイトを始めたきっかけでした。学童保育の仕事が終わるとすぐにおにぎりやパンを車の中で食べながら隣市の大型スーパーへ走らせ、閉店後から深夜0時まで、店内の床掃除です。かなり広い店内で、しかも覚えることがたくさんあるため、それはそれはたいへんでしたが、それでも「今はみちくさ1本で食っていくための途中。今に見とけよ」と捉えていました。辛かったのは、その掃除中に顔見知りの学童保育指導員や高校時代の同級生と顔を合わせた時でした。「え、何やってんの？」「かわいそうに」「ほんとにしんどいよね」「がんばってね」。おそらくどう声をかけていいかわからなかったんだと思います。「くっそ〜。……今に見てろ」と何度思ったかわかりません。

当時、中山芳一先生から、現場の指導員から研究者の道へ進むと決めたことを聞いたときも大きなショックを受けました。「年齢1つしか違わないのに……、かたや華やかな学術の世界へとステップアップ。かたや深夜のアルバイトをしないと食っていけないしみったれた生活。今日もバイト。俺、何してるんやろ……」と思うと、悔しさと情けなさと空虚感でいっぱいになり、その夜のバイトはいつもよりも力を込めてモップ掛けをしていたことを覚えています。「もう彼と保育実践で勝負できひんのか……」そのうち涙があふれ出てくるのでした。

妻とはそんな折に出会いました。たくさんの苦労がありましたが、この仕事の重要性を誰よりも理解してくれたことや、この状況を「あなたでいい」と受け止めてくれたこと、喜びやしんどさを分かち合おうと寄り添ってくれたことで、一人の人間として、また学童保育指導員としてますます頑張れる素地が固まったように思います。苗字が変わったため、私の呼び名を〝タナ〟にするか、子どもたちが考えてくれましたが、「やっぱりヘン」という子どもたちの声で、今でも〝ヤマ〟と呼ばれています。

2016年には、国の新しい基準に基づいて、二つの支援単位（分室と呼んでいます）をつくることになり、運営を行っていくことになりました。職員集団としても「連携」や「共有」をより強く意識しはじめた時期でもありました。

「自分が」から「自分たちが」へ

NPO法人の立ち上げや結婚など、人生の大きな節目を経験する中で、それまでは恥ずかしくて言い出せなかったような、自分は一人ではないこと、困ったときは遠慮なくSOSを出すことの大切さがわかってきました。それは、みちくさクラブに通う子どもたちにもとっても大切なことだと気づきはじめました。

「一人のしんどさはみんなで分かち合い共有する」ことが、この頃の大切な柱でした。それまでは「自分が」であった保育を「自分たちが」に変換することの大切を感じた時期です。私が、「学びから得た教訓によって、自分から子どもへこうかかわるんだ」と示し続けたのが第1期だとしたら、第2期は「学びの教訓から、子どもから子どもへ働きかけるようにするためのかかわり」を追求していった時期でした。

例えばある子が泣きながら荒れた口調で帰ってきたとします。それまでの私なら、荒れた口調の本人から背景や出来事（エピソード）を聞きとるだけで、そのままお迎え時に保護者へ伝えていました。しかし、この頃は、おやつ時間などに意図的にまわりの子どもたちに「実は○○くん、こんなことで辛くて泣いて帰って来はってん」と、その子の主訴までも含めて子どもたちへ伝えたりするようになりました。さらに「みんなにもそんなことあるやんなあ？」と、同じ体験をした子どもたちの声を引き出そうとしたり、あそびの中でも同じような働きかけをしようと試みたこともありました。

夏休みなどの長期休みにとりくむ日記も、これはみんなに知ってほしい！と思うような内容は、名前を伏せて発表するようにしたのもこの時期からでした。続けていた通信はＮＰＯ法人化を契機にタイトルを「ＨＯＭＥ」としてリスタート。子どものしんどさや悩み、喜びや発言などに焦点を当てつつも、その子のまわりの子どもたちがどう関わっていったかを、以前よりもより詳細に記録するようになっていきました。

通信も子ども主体に

子どもたちの様子を発信し続ける「ＨＯＭＥ」のとりくみは、私のライフワークといってもいいものでした。なかでも「1人1号特集」を組んだ年は、それはかけがえのないものでした。その年の夏休みにとりくんだ日記から私がチョイスして原稿化。それを子どもたちが読み返して感想を書き、エピソードを載せる形にしました。保護者のみなさんにはとても喜んでもらえました。「わが子が主役」となれば、親の立場であれば嬉しいものです。その後も同じスタイルでどんどん発行していきました。しかし、ふと「これで俺は何を伝えたいんやろう」と思う瞬間がありました。たしかに保護者は喜ぶ。わが子が堂々と誌面を飾る様子は、それだけここで受け止められている証でもあります。しかし「ただ伝えるだけでいいのか……、これがオレのしたかったことか」と、およそ半分の子どもが登場した頃に、私は立ち止まってしまったのでした。

そこで、ある研修にご一緒した福井雅英先生（滋賀県立大学）に相談してみました。すると「子どもに日記を選ばせるんだよ。それが子ども主体ということにつながるだろ」とひと言。なるほどなあ……。そうか、子どものことを記事にしていながら、肝心の「子どもの今の息吹や思い」はそこにはない。よし、残り半分の子どもたちの日記は、子どもたちに選ばせよう。すぐに取り組みました。

「まだ発行していないみんなには、自分で日記を選んでもらうことにするよ」と話したその日。すでに登場したひとりの子どもがすたすたと私のそばまでやってきて「話がある」とポツリ。「あんなあ……、さっきのはずるい！私だって自分で選びたかった！」と怒ったのでした。「ず、ずるい？」。そうきたかと私。思わず笑ってしまいました。

しばらく経って、そのことを福井先生にお話しすると、先生も大笑いされたあとに「君が日記を大事にしていることを、子どもたちはよくよく知っているんだよな。それにしても痛快やな」と喜ばれたのでした。「書いてこそある子どもの生命」と言いますが、とりくむ姿勢や重要性を誰よりも認識しているのは、親でもなく指導員でもなく子どもたちなのだと知らされた期間でした。

小学校に足繁く通うようになったのもこの時期でした。子どもたちの様子で気になることがあったとき、担任の先生や特別支援学級の先生と話す機会を設けていただいたり、通信を届けたりするようになりました。菩提寺小学校は私の母校でもあります。当時はまだ、小学校時代にお世話になった先生がおられたり、小学校ボランティアの方が友人のお母さんだったりと、親世代の方々がとても活発に活動されていました。地域の保育園や幼稚園、まちづくり協議会主催の秋祭りなどには、子どもたちの有志によるけん玉技の発表会を企画したり、私自身が地域の青少年育成会議のメンバーとなったり（ここでもお世話になったのは、私が小学校時代に所属していた少年野球チームのコーチだった方でした）と、連携しやすい環境であったことも追い風となり、私はますます保育実践にのめり込んでいくことになりました。

実践と記録をさらに深める

その頃、全国に先駆けて日本放課後児童指導員協会が行っていた学童保育指導員独自の資格認定講習会に、受講者としても地域運営者としても携わったことから、自分の実践を研究的視点で捉えなおしてみようと「上級資格」に挑戦することにしました。上級資格取得には、自らの実践をふまえて仮説を立てて検証する「実践研究論文」を書くことが必須条件でした。私が「子どもたちの出会いなおしに関する研究」というタイトルで綴った論文は、子どもたちは他者との出会いやモノ・コトとの出会いの末に、新しい自分自身と出会いなおすのではないか、という仮説に基づくものでした。その論文を引っ提げて日本学童保育学会で研究発表をすることになったのですが……、結果は散々なものでした。「出会いなおしの定義概念は何なのか」「実践目標はないのか」と、会場の大先輩たちから次から次へと出される質問の嵐。まさに釈迦に説法とはこのことだと痛感していたところに、最も響いたのは「君の実践記録はなぜそんなにサラサラなんだ」というある重鎮と言われる研究者のひとことでした。

完全に打ちのめされた私は昼食をとる気力もなく、帰りの新幹線ではこのことばかりが頭の中を駆け巡る始末。自分に対してただただ悔しく情けなかったのです。しかし、時間が経つごとにふつふつと湧き上がる思いがありました。「オレのことも知らんとあんな勝手なこと言いやがって」「やったるわ。今に見てろよ」そして「誰にも負けへん実践記録を書く。そんな記録を書けるぐらいの保育実践をしていく」と、固く決意していました。

その実践記録のひとつである「ユウマの夏休み」を紹介します。

[実践記録2] ユウマの夏休み

(1) 夏休み前の様子

新学期が始まる以前に、得意の工作の技を駆使して作り上げたろうそくメンコ作り（ろうそくのろうを溶かして折り紙メンコに挟み込んだメンコ）などを通して、友だちの大切さ、魅力に気づいたと思われたユウマ（2年）。しかし、新学期になり、その時期特有のあわただしさや変化などの影響もあったのか、何か気に入らないことがあったときに手足を出すといった以前の姿を見せる場面が増え、そのため周囲からも「ユウマくんがまた蹴ってはる」「学校でパンチしまくってはった」と聞こえてくることが増えた。

実はこのころ、ユウマの母が持病のために入退院を繰り返し、家にいないことが多くなっていた。お迎えや家事はもっぱら父が担うものの、ユウマの下にはまだ幼い弟ふたり（年長・2歳）がいることから父の疲弊感はピークに達していた。ユウマの心身の揺れはここに依拠していることは明白だった。

4月の終わり、ある土曜保育でのことだった。ユウマは自身が大好きな「スーパーおにごっこ」をしないかと、周囲にいたリクト（3年）、マサキ（2年）、ショウヤ（2年）、スズ（2年）を外へ誘った。「スーパーおにごっこ」とはユウマが考案したもので、広い場所で行う通常のおにごっこではなく、建物の周囲の狭い通路や裏山の木と木の隙間を使って行うおにごっこで、その行動範囲の制限さゆえにいつ捕まるかわからない、しかし、おにもなかなか捕まえることができないという、スリル感あふれるものだった。子どもたちはみんなこのあそび自体大好きで、ユウマの呼びかけに「やるやる」と乗り気で集まった。初参加の私も加わり、狭いコースを疾走する快感を味わっていた。

しかし、時間がたつにつれ、激しく体を動かしてはいるものの、ユウマの表情がさえなくなってきたのがわかった。気になった私が声をかけようとしたとき、ユウマはその場にしゃがみこみ、肩を上下にゆらして息をするのだった。すぐに私も立ち止まって「おおユウマ、どないしたん？」と声をかけると「狙われへん」と一言。「狙われへん？」「うん、オレ、誰からも狙われへん。ヤマしかオレのこと追いかけへん」と言ったのだった。

また、同じ時期の平日、おやつ時間での出来事も忘れられない。みちくさクラブでは、おやつの時間は好きな者同士が一緒に食べるという形をとっている。楽しみや期待を持って食べることで、より一層充実した時間にするためのとりくみのひとつなのだが、この時期のユウマは、おやつが始まるまで1人でポツンと座りこんでいることが多かった。まわりの子どもたちが避けているのだ。そんなユウマに私が「よっしゃ、ここ座ろ」と隣に座りこむと、ちらほらと数人の子どもたちが座り出すという、そんな様子だった。これではいくらなんでもユウマにとって、楽しいはずのおやつ時間が苦痛に満ちたものになると思い、周囲の子どもたちを誘った。この日たまたまそばにいたカナエ（2年）が「ユウマくんのとこ座ろー」と彼の向かいの席に座った。するとユウマは「えぇーっ」と怪訝な表情で席を離れようとするのだった。それを見ていた私が「ええやん、一緒に食べようや」と声をかけたものの、「いや、いいし」とユウマは拒んだ。すると、カナエと一緒に座ることを約束していたモモエ（2年）が「え、その席行くの？」と行きかけていた足を止めたのだった。

このように、この時期のユウマは、周囲から距離を置かれてしまう存在であると同時に、自分からも周囲と距離を置くといった行動が目立ち始めていた。それはユウマ自身が当時、周囲の子どもたちに口癖のように言っていた「どうせオレひとりやし」「どうせオレやし、レゴ使ったらあかんって言うんやろ」という「どうせ」という言葉にも表れている。「どうせオレ、周りから怖いやつって思われてるんや」「どうせオレ、何やっても何もできひんし」。そんな思いをたくさん抱えていたように感じた。当時、ユウマは私や他の指導員をとにかくいろんなあそびへと誘った。すもう、バス釣り、虫さがしなど、周囲の子どもたちを誘うことなく、指導員を誘っては、そのあそびを始める前に違うあそびが始まってしまうこともあった。時にはそのあそび自体、自分から「やめた」と言うこともあったのだ。

子どもどうしではなく、指導員しか声をかける対象がほとんどいない。そんな様子にも見えた。そして私たち指導員とあそんでいたとしても、やはりユウマの心境は落ち着くことなく、「まわりの子どもたちとあそびたい」「でも自分の思い通りにならない」という相反する思いの中で揺らいでいたがゆえに、あそびも続かず、自己嫌悪に陥ってしまうのではないかと思うのだった。私はこの時期に、彼から私たちが離れては、さらに彼を「負のスパイラル」に落としこめることになると思い、あそびが続かないことがあっても、自暴自棄になっていたとしても、ひたすら一緒にい続けたのだった。

それから間もない5月中旬、ショウヤ（2年）がユウマを庭球野球に誘うということがあった。ショウヤとは土曜保育や大好きなレゴなどで一緒にあそぶ機会が多く、ユウマもそんな屈託なく誘ってくれるショウヤに心を開いているようだった。「やるやる」と中尾指導員（男性）も加わり、3人で軟式テニスボールとプラスチックバットを使った野球が始まった。柔らかいボールと軽いバットを使った野球は、まわりの子どもたちにも魅力的に映ったようで、始まってしばらくすると、ソウタロウ（2年）やハルキ（2年）、シュウト（3年）やリンカ（3年）も加わり、ユウマにとって久しぶりの、大人数でのあそびとなった。しかし、集まったメンバーもほとんどが低学年で、すぐに「ぼくピッチャーいきたい」「バッターいきたい」と言い出してしまう。ユウマはそんな様子を特に嫌がった。わがままを言い出す周囲に対してではなく、自分の番がなかなか回ってこないことに腹立だしさを覚えていたのだ。苦肉の策で中尾くんが順番を決め、それに則る形で野球は進んでいったのだが、この「自分さえよかったらいい」という、ユウマを含めた彼らの思いは、野球をするたびにほぼ毎回、「おもんない」「もうやめたい」と言ったことばが出るほどに偏ったものとなっていた。

5月の終わりまでの彼のあそびは、この庭球野球が中心となっていた。私もよくこの庭球野球を一緒に行ったたが、なかなかバットに当てることができないときはバットをラケットにしてみたり、順番がなかなか回ってこないとわかるや、走る直線距離をうんと長くして、一塁までたどりつく間に守備が取ったらアウト、という「ほね」（ショウヤが命名。走る直線が「ほねみたい」だからだそうだ）なる新たなあそびなどを考えていったのだった。

これで少しはあそびも落ち着くか、と思っていた6月のはじめ、野球の人数の多さから考えた「ほね」でも、打順がなかなか回ってこないことが多くなった。そしてついにある日、ユウマは自分から「やめる」と言い出したのだった。「つまらん。やめるし。回って来うへんし」と、バットをその場に放り投げたのだった。一緒にやっていた私は「ここにきてまだ自分の思い通り進まへんことを周りのせいにするか？」と思い、「自分がおもろいと思って始めた野球なんやろ？」と言ったあと「みんなユウマとしたいって思ってんねんで。ユウマがやめたらみんなやめてしまうんやぞ。それでもいいん？」と語気を強めて話しかけた。ユウマは黙って聞いていたが、当時はどこまで伝わっているのかほとんど実感がない状態であった。

そしてその日の夜、私は考えた。私たちはいったい、ユウマがどうなることを望んでいるのか。屈託なく、遠慮なく、友だちを誘えることか。違う。それならもう、野球やそれ以外の場面でもすでに達成されているはずだ。そして「自分はまわりから認められている、という実感や手ごたえを持つことではないか」という思いにたどりついた。野球では、複数のメンバーとあそぶことで、周囲のユウマを見る目も少し変化したかと感じていたが、肝心のユウマ自身が、周囲から認められているとしっかり実感できること、あなたは大切な存在なんだと周囲にわかってもらえることこそ、彼にとって必要なことなのではないか。

そして、この日を境に「自分はまわりから認められている、という実感や手ごたえを持つ」ことを彼の保育の柱に置き、「ユウマが何をしたか」ではなく、「ユウマが続けられているものはなんだろか」「ユウマが懸命になっていることはなんだろうか」を見つけていこうと決めた。

（2）上級生とはじめての野球

そして翌日、私が子どもたちと野球をしているところへ、ユウマがプラスチックバットを肩に担いでやってきた。もう片方の手には、庭球が握られている。ちょうど私は外野を守っているところであったが、「わざわざユウマがこっちに来るのにはわけがあるはずや。何やろう」と思い、メンバーにひと言伝えたあと一旦外野から外れ、バックネットの横でユウマとトスバッティングを始めた。上級生たちがやっているのは、通常の軟式ボールを使った本格的な野球。草野球ではあるものの、バットもちゃんとした金属製を使っている。「カキーン」という金属音が鳴るたびに、ユウマはふっと振り返り、じーっとその光景を見つめるのだった。打撃だけでなく、ピッチングの際にもじーっと目を凝らして投手のひびきを見つめるのだった。

そんな彼の様子に「もしかしてユウマ、この野球やりたいんちゃうかな」。一瞬そんな考えも浮かんだのだが、使っているボールのことを考えると、ここへすんなり入るのはまだ早いよな、と思い、こちらから声をかけるのを控えた。しかし「こんな好奇心に満ちたユウマの眼差しを見るのは久しぶりだ」と感じた私は、思い切って「ユウマ、ヤマと一緒にこの野球の外野守ってみいひん?」と話しかけた。ユウマは一瞬「え?」といった驚きの表情になったのだが、「ヤマとやったら、大丈夫やろ!」と言うと、「守る。うん」と言うのだった。私は、心の片隅で「使ってる道具も本格的やし、もしかしたら『ヤマとだけ野球したい』って言うかもなあ」と思っていたので、この返事には嬉しさと驚きが入り混じった思いになった。そして「おっしゃ、じゃあ外野行こー!」と再び野球に入り、「ごめんやで、2人で外野守るし、思いっきり打ってや!」と上級生たちに伝え、2人でセンターあたりに並んだのだった。硬いグラブとボール、重たい金属バット、そして大きなお兄ちゃんたち。この野球に加われたこと自体、ユウマへのアプローチの第1歩と思っていいのではないだろうか。私という存在がその役割を果たせたのかもしれないし、私と一緒なら大丈夫と思ってくれたのかもしれないが、最終的に「入る」と判断したのはユウマなのだ。そして上級生たちが「ああ、いいよ～」とすんなり受け入れてくれたのも、ユウマにとってうれしかったことだろう。

外野を守りながら、私が「おーい、バッター打てよー！」と言ったりすると、となりのユウマも真似して「打てよー！」と声を出す。「かっとばせー！」と私が言うと「かっとばせー！」とユウマ。そして飛んできた打球をキャッチすることができると、グラブとグラブをポンと合わせたあと「ナイスキャッチ」と声を掛けたりした。ユウマは外野守備の間、一度も地面に座り込むことなく、笑顔でボールに集中していた。

そして、この日を境に、ユウマのあそびが少しずつ変わっていった。順番を守ることなど、小さなこだわりもあるのだが、今まで指導員を誘ってやっていた缶けりや虫さがしなどを、低学年の子どもたちを中心に誘い始めた。まだ周囲には「あのユウマくん」と見られていたのだが、一緒にあそんだあとは、その後のおやつも同じ机で食べることが増えてきた。春先に比べると、少しだが、周囲のユウマへの理解も深まってきたのではないか。そんな気持ちにもなった。

（3）けん玉発表会へのとりくみ

そんな中で迎えた夏休み直前の7月18日のことだった。最初の行事として、近隣の保育園で行われる舞台発表を今年度初めて取り入れた。演目はけん玉。曲に合わせてもしかめを披露するものだ。有志によって構成された参加メンバーは、本番さながらの練習を繰り返し、なかなか上達しなかった子どもたちも、集中的な自主練習の成果か、ぐんぐんとその腕をあげていった。その中に、ユウマの姿もあった。

有志のメンバーは、ほとんどがその保育園の出身の子どもたちであり、ユウマもその園のOBだった。メンバーを募る際、ユウマは自分から「がんばってるとことか、かっこええとこを先生らに見せる」と、自ら志願した。ユウマはけん玉は得意ではない。むしろ、今回の取り組みを機に久々にけん玉を手に取ったくらい、彼にとっては興味の対象外のものだった。しかし、自ら志願したことからもわかるように、この取り組みには並々ならぬ思いがある。練習期間中でもけん玉を持たないこともあった。違うあそびに走ってしまうこともあった。

しかし、本番の21日まであと3日とせまったこの日は、さすがに違った。ユウマはおもむろに青色のけん玉を持つと、今まで見たことがないくらい美しいフォームでもしかめを始めたのだった。「ユウマ、めっちゃきれいやん！」と言ってしまうくらい、今までのものとは明らかに次元が違っていた。すると、びっくりした表情でこちらを向いたユウマは、そのままもしかめを続けたのだった。もちろん、乗っては落ち、乗っては落ちの繰り返しで、続けて10回いけるかどうかという段階だったのだが「彼にとってのもしかめ」という視座に立ってみると、これはとても大きなチャレンジであることに変わりはない。「ちょっとだけ難しいくらいのあそびのほうが、今のユウマにはあってるかもな」と思いながら、彼の隣で回数をカウントしていたのだが、突然ユウマはもしかめの手を止め、けん玉を床に置いた。あまりの急な出来事だったので何が起こったかと見ていると、彼は机に出したままになっていたトランプをさっさと片づけ始めたのだった。手早くひとまとめにしたトランプをゴムで束ね、専用の引出しにしまったユウマ。「すまん、ありがとうな」と答えると、一緒に練習をしていたスズが「ユウマくん、かっこいいなあ……」とつぶやいたのだった。「出た。やっとこのことばが子どもたちから出た」。私はひとり、心の中で猛烈に喜びをかみしめたのだった。

このあたりから、ユウマの様子はそれまでと明らかに異なっていった。今まで口癖のように言っていた「どうせ」は、まったく聞かれることがなくなった。おやつの場面でも、ユウマを取り囲むかのようにみんなが自然と机に座っていることが当たり前になり始めたのだった。

（4）ユウマが受け止められ始めた夏休みの日々

けん玉への取り組みで自信を深めたのか、夏休みに入ると、彼は対人関係で積極性を発揮し始めた。6年生のミミ、ハナ、ナナコたちと一緒にいようとする姿が飛躍的に増えたのだ。

今までユウマと6年生とのつながりは、はっきり言って皆無に等しかった。ユウマが近づくと「来んといて」とあしらわれてしまったり、その素行の悪さゆえに「もう、やめてって言うてるやん」と反感を抱かせることさえあった。しかし、夏休みになってユウマは何度も何度も6年生にアタックしていった。特に頻繁にあたっていったのがミミで、小学校で作り上げた「ノートパソコン」（自由帳を横向きにして、上ページをディスプレイ、下ページをキーボードに見立てて自分で作った）を片手に近づき、「お、今日こんなニュースやってる」と、新聞の切り抜き記事を上ページに貼り付けたり、「オレ、ニュース好きやし、調べてほしいニュースあったら何でも言うてや」と話しかけたりと、懸命に動いていた。直接「あそぼ」ではなく、じわりじわりと話していくユウマへの姿に、はじめは抵抗感を抱いていたミミだったが、次第に心を開いていったのか、少しずつ会話をする機会が増えていった。そして、お迎え時間などの時は、決まってミミに体当たりをぶちかましてから帰る、といった光景が珍しくなくなっていった。そんなときのミミの表情は、同級生たちとあそんでいるときとはまた違った、とてもはつらつとしたものだった。「もう、なんやねん！」と言いながらも顔は笑っている。いや、むしろ嬉しそうにも見える。そして何より、「ユウマといるとなんかおもろい。前は全然そんなん思わんかったけど」といったことばまで出てくるようになったのだ。

夏休みに取り組んでいる日記に、ミミのその時の思いが記されている。

「7月26日（木）きのう、マサキとユウマに足と手をひっぱられてけつからおちた……めっちゃいたかったけど、朝もめっちゃいたかったし、さいてぇー。まあいいねんけど」。

また、6年生の3人でユウマの髪型を「かっこよくしよう」と、髪ゴムをいくつもユウマの頭にくくり、ツンツンのパンクスタイルに変形させたこともあった。ユウマはもう、飛び上がらんばかりによろこび、一目散に鏡の前へ走っていったのだが、6年生たちの会話の中では、ミミが「っていうか、うちユウマのことはじめてかわいいと思ったかも知れへん」と語っていたのだった。

ミミの変化には、私たちも多少の驚きがあった。何が彼女をそうさせたのか。その答えは、夏休み終盤にミミが女性の井上指導員に話した「ウチもマキらにめっちゃあそんでもらったもんな。あの時はケンカもようしたけど、それでも楽しかった」に込められている。ミミが1~2年生のころ、当時5~6年生だったマキといつも一緒に行動していた。おやつやあそびはもちろん、下校時やプライベートまで時間を共にしていた。マキが卒所の際は、人目をはばからず抱き合って号泣した。そんな関係だったのだ。私は、ユウマとの出会いが、ミミの中で当時のマキとの関係を呼び起こしたものではないかと考えている。そしてユウマにとっても、高学年の女子たちに自分の母親像を重ね合わせていたのだろうと思った。

ユウマとミミの新たな出会いは、双方の夏休みの日記の中にも表れていた。菩提寺学区では毎年、夏休み中の5日間を使って学校のプールが解放される「地区水泳」が行われ、みちくさクラブも一地域として参加させていただいている。今年度の初日、前半はユウマはミミらと「水中おにごっこ」を楽しみ、そして後半は、ミミがユウマを誘う形で「おんぶごっこ」に変わっていった。おんぶをしたまま水中を歩き回り、最後に思いっきり投げ飛ばすというスリリングなあそびだった。このあそびにはユウマは大喜びしながら、何度も何度も繰り返し「やって!」とせがんだ。時にはユウマがミミをおんぶする形にもなったのだが、それでもお互い、終始笑顔のまま、この日のプールを終えた。

そしてこの日の2人の日記には、こう書かれていた。

「8月3日(金)今日から地区水泳が始まった。ユウマらとおにごっこみたいなんをした。水の中では、ユウマにおんぶしてもらっても安心できた！」(ミミ)

「8月3日　きょうちくすいえいにいった。いろんなひとがにげまくってめっちゃなげられました」(ユウマ)

土日をはさんだ月曜日にも、同じあそびを思いっきり楽しんだことが、日記に書かれていた。

「8月6日（月）今日もユウマらをめっちゃ投げ飛ばしたった！めっちゃ飛んでいきおった！」(ミミ)

「8月6日　ミミに6かいいじょうなげられました」「プールはさいこうやし。プールさいこう！」(ユウマ)

この6日のユウマの日記にある「プールさいこう！」は、ページ全面に大きく書かれた特大サイズの文字だった。あそびそのものも大いに楽しかったのだろう。しかし、ミミと一緒にとことんまであそんだという、この上ない喜びがあったからこそ、ユウマは特大文字で書いたのだと私は思っている。むしろ、この上ない喜びが「でっかく書きたい！」と思わせたのだ。

ユウマの積極性は、ミミたち上級生以外との場面にも見ることができた。みちくさクラブのレゴが少なくて、子どもたちが公平にあそべないと思ったユウマは「ヤマ、明日みちくさにオレん家のレゴあげるわ。山ほどあんねん」と、自宅にあるレゴを寄付することを提案し、翌日早速、自宅のレゴの一部分をみちくさへ持ってきてくれた。新しく増えたレゴに、まわりの子どもたちはとても喜び、「ユウマくんがレゴみちくさにくれたから、レゴがめっちゃ楽しくなった」と言わしめるほどになったのだった。

その日の日記にはこう書かれている。

「8月10日（金）今日はレゴをもってきて人（レゴの人型パーツ）をかしてあそんでいっぱいもってきてちょっとかしてあげようとおもいました」

さらに、牛乳パックを使って得意の工作に取り組んだ日、私が作ったサングラスをとても気に入ったユウマが「オレもつくる」と一緒に作り始めたことがあった。はさみで切る作業などは手慣れたもので、さっと形を切り取ると、器用に円形のレンズ部分をくりぬいたのだった。しかしここからが彼にとって難関だった。レンズ代わりのセロテープを貼る際、どうしても指紋やしわが生まれ、思うような仕上がりにならないのだ。「みえへん」「こんなんちゃう」と焦れば焦るほど、予想していた出来栄えからはかけ離れていく。以前のメンコ作りでも、自分が書いたパトカーの絵に納得がいかず、途中で放り出してしまったことがあったのだが、その時のことを思い出した私は「今日は、自分で工夫してみたらどうや。今のユウマなら、ゆっくり落ち着いてやれば簡単にできると思うで」と彼を励ました。するとユウマはすぐさま続きにとりかかり、セロテープを引き伸ばしては切り、それを本体に貼り付ける作業を何度も何度も繰り返した。そして何度目かの際、突然「あ、そうか」と叫んだのだった。「テープの両端もってぴんぴんにしたまま貼ったらきれいに貼れるんや」と言ったのだ。「そうやな、そうやってはれば、きれいに見えるしな」と私が答えると、彼はできあがったばかりのサングラスをかけ「おお、めっちゃ見える！」とその興奮を抑えられない様子だった。この日の日記には「8月17日（金）さんぐらすができてうれしい。やまさいこう！」と書かれた隣に、それぞれの辺に「14㎝」「8㎝」といった寸法まで記載された大きな四角形が書かれていた。サングラスを作った際のサイズだった。

サングラスづくりは、翌週の段ボール細工でも見られた。もともと量が少なく、限られたものしか作ることができない状態だった段ボール細工。当初、自動車を作る予定だったユウマだったが、量が少ないとわかるや「じゃあオレ、段ボールであれつくろ」と、床に散乱していた小さな段ボールの破片を拾い集め、前回と同じ要領でサングラスを作っていったのだった。その出来栄えは前回をはるかに凌駕し、難関だったレンズ代わりのセロテープ部分も、ぴんとしっかり張られていた。そんな様子を見ていたスズが「わたしもサングラスつくる」とはさみを持ってやってきた。ユウマはその後も、この日作った自作のサングラスを片時も離すことなく過ごした。おやつのときも足元に置き、サングラスをしたままそうじもした。よほど達成感があったのだと、その様子をうれしく見ていた私に、ユウマが「ヤマが見てへん間にサングラスまたつくったで。前に日記にもサイズ書いたけど、オレと同じ大きさのサングラスやったらいくらでも作れるけど、ヤマはまねせんといてや」と、とてもうれしそうに話してくれたのだった。「ユウマ、ほんますごいな。びっくりするわ」私が答えると、駆け足でぞうきんを取りに行き、床ぶきを始めたのだった。

「8月20日（月）　今日はくるまつくるのがむずかしくて、さんぐらすをつくって、そうじのじかんにヤマがすごいやんっていうたんやぞ」

そして、私が夏休み中最もうれしかった出来事が起きたのだった。

翌21日、前日の午前中に裏のダム公園で見つけたトノサマガエルを育てるために、図鑑を見ながら水槽の中の準備をしたい、とユウマがすずな（2年）とスズに話しかけていた。そこに私も加わり、裏山へ水槽の中へ入れるための砂利と、カエルが身をひそめるための植木鉢のような筒状の置物を探しに出かけた。バケツの中にシャベルを突っ込み、がしゃがしゃと音を立てながら山の中腹を登っていると、少し遅れてやってきたスズが「あ、帽子忘れた」と、部屋へとりに戻ってしまった。裏山とは言っても、山と言うには低すぎ、がけと言ったほうがしっくりくるくらいの高さなので、すぐに頂上には上がれる。私たち3人とも、すでに頂上まで登り切った状態だった。私が見た限り、ユウマはスズの声にまったく反応していなかったので、そのまま先に進んでいくものと思い、私から「スズが帽子取りに行ってるで」と声をかけようかと思っていた矢先、何とユウマが「待っとこ」とひと言つぶやいたのだった。

これには心底驚いた。「ユウマが『待っとこ』なんて言うのか……すごい成長やなあ……」と、私は彼のことばにただただ感心していた。すると、私のとなりにいたスズが「ユウマくんが待っとこ、って言うたん、はじめて聞いた」と言ったのだった。

私は、このスズのひとことの中に、彼が夏休みの生活にどっぷり浸る中で、彼の大きな成長や本来のやさしさが、周囲に伝わっている実感が凝縮されていると感じた。そしてその思いは、私にもしっかりと感じ取れた。しかし、夏休みを振り返る中で、周囲の子どもたちのユウマへのまなざしが、彼を大きく成長させ、一回り大きくなった姿を築きあげることにつながったのだとも言えるのではないだろうか。

夏休みが終わりに近づくと、他の子どもたちの日記の中にもユウマの名前を見つけることができるようになった。

「8月20日（月）　今日キョウタくんとユウくんとマサキくんとレンタロウくんとマサヨシくんとタツオくんとまつしたユウマくんとトモちゃんと山とわたしでダムこうえんにいきました。（中略）ふかいみぞに入って出られなくなって、ユウマくんがわたしの手を引いてくれはりました」（スズ）

「8月21日（火）　今日、ユウマくんとスズちゃんとタカちゃんで、ユウマくんの、くるまのうしろのダンボールに自分のばしょをいろぬりしました。とってもたいへんでした。でも、ユウマくんのダンボールの車は、かっこよかったです。あと、メンバーひょうにわたしのなまえをユウマくんがかいていくれて、うれしかったです」（カナエ、2年）

「8月23日（木）　きょう、ユウマ、もりずすかちゃんとぼくでけいさつしょの家をぶろっくでしました。それで、ユウマくんがばいくをもっていました。そして日記のあともあそびます」（たかと、2年）

「8月28日（火）　今日、ユウマくんとけいいし（指導員）とやきゅうをしました。とおくにうって、すごくうれしかったです。そして、いけるまでやりました。そして、ユウマくんが1回もみすりやりませんでした。めっちゃたのしかったです」（たかと）

私はこれらの日記を、子どもたちの前で読み上げた。少しでも、ユウマに「周囲に必要とされている」と実感してもらいたかったからだ。そしてユウマの頑張りを認めることで、少しでも「ここにいる値打ち」を感じてほしかった。ユウマは「オレの日記も読んでえや」と自分の日記帳をひろげ、私に持ってくることもあった。それだけ毎日が充実していること、「今オレはこんなにも成長したんやで」というところを示したい、と思っていたのだと思う。

「8月27日（月）　今日はみちくさのてにすこーとのおくのいけにかえるをにがしにいって、そのあとヤマが（生き物が）『しんだらこんなにおいになるねんで』ってゆわれて山があらってたすいそうをきれいにあらいました。それで山がおやつのときに、山がすいそうあらってくれてんでとほめてくれました」

ユウマを周囲が肯定的にとらえることで、ユウマのよさがいかんなく発揮された夏休み。上記の子どもたちの日記でも分かるように、周囲がユウマの必要性を大いに感じ始め、私たち指導員も、ユウマのすてきなところなどはすかさずほめるようにしていくことを意識するようになったことで、彼の自尊感情も大いに高まりを見せるのであった。何より、ユウマ自身が上級生たちからも下の学年の子たちからも「必要とされている」「あてにされている」と実感できたこと。これがユウマの積極性を加速化させ、自信を取り戻すことができたのではないかと思う。

身も心も、大変充実感に満ちた夏休みとなった。

（5）新学期を迎えて

夏休みが終わって間もない9月。1年生のサクが下校中に「使いたいレゴがいつも使われている」と泣き出し、「お家でレゴやる」と自宅方向に歩き始めていて、担任の先生と何やらもめている、とナナ（1年）やスミレ（1年）が教えてくれたことがあった。私はとにかくサクを迎えに行こうと外へ出たのだが、その道中ユウマと出会った。ユウマに「サクがもめてるみたいやねんけど、知ってる?」と聞くと、下校のタイミングが違っていたようで、そのことは知らないと言う。ユウマは以前からこのサクの気持ちに気づいており、「そんなん早いもん勝ちとかあかんやろ」と周囲の子どもたちに言っていたので、「サクがお家帰るって言うて白根先生ともめとんねん……」と言うと「オレも行ったるわ!」と一目散に部屋へと向かい、玄関にランドセルを放り投げ、駆け足で私のもとへ戻ってきた。

校門前へ駆けつけると、案の定サクは「帰る!」と泣き叫んでいて、先生の手を振りほどこうと必死になっていた。そんな光景にユウマは「しゃあないな……」といった表情で私の方を見ながら一息ついたあと、「おいサク!みちくさのもんはみちくさのもんや。早いもん勝ちとかなんかないねんから大丈夫や。オレが守ったるから、帰んぞ!」と叫んだのだった。そして私がサクを抱き上げながら「ユウマが守ってくれるんや。安心やな。大丈夫。ヤマも見てるから」とゆっくりと話しかけた。サクはこのことばにホッとしたのか、私の腕の中で脱力状態になるのがわかった。そして手から離し、私と手をつないで歩いて戻ったのだが、その途中でユウマも、サクのもう片方の手を握ったのだった。もうこんな光景には驚かない。ユウマはサクの気持ちを察して、無言でそうしたのだった。3人が横に並んで手をつなぎ、ゆっくりゆっくりと帰路についた。

室内では、ユウマがレゴを使っていたメンバーたちに「サクも使いたいもんあんねんから貸したれよ。っていうかその前にお前ら宿題してるんか？」と声を掛けていた。私もサクに「サクも、使いたい部品と違っても、別の普通のブロックでも十分にあそべるんやから、工夫していこうや。十分楽しいで」と伝えた後「でもユウマのお迎え、うれしかったやろ」と聞くと「うれしかった」とうなずいたのだった。

夏休みの経験を、2学期に入ってからも大いに発揮しているユウマ。はっきり言って、1学期の間、こんな光景を見るに至るとは思ってもいなかった。指導員をはじめ、ユウマを支えるメンバーがいたからこそ、ユウマは着々と自分の足で歩み始めることができた。そして繰り返しになるが、何よりユウマが「自分もあてにされている」「認められている」と実感できたことが、私たち指導員にとっても、周囲の子どもたちにとっても大きな宝物となっていったのだと思う。ユウマの母はこのころも入退院を繰り返し、一進一退の生活を送っている。そんな中だからこそ、彼の心身の揺れを「大丈夫。ユウマはユウマでいい」と受け止めていきたいと思っている。

この実践記録を発表したとき、私はまた泣いてしまいました。「ユウマほんまよう頑張っててんなあ……」と改めて実感したのです。しかし自分の実践に感傷的になっていてはいけない。そう言い聞かせて部屋を後にしたものの、車の中でもあふれる涙を止めることができませんでした。

［ヤマと「みちくさ」］保護者・ＮＰＯ法人設立委員・山根直子さん

ヤマとは息子の入学前、２００５年４月から「みちくさ」で出会い、今日にいたるまで、ありがたい事につながりを持たせてもらっています。息子、娘も成人し、自分自身も会社勤めを続けてこられているのはヤマと出会い、子どもたちが入学から卒業まで「みちくさ」でお世話になれたからこそだと家族一同、心から感謝しています。

息子が３年生の時に担任から学校生活について指導されたことがありました。私にとってはその先生の捉え方に疑問しかわかず悩んでおり、思い切ってヤマに相談すると笑顔で「大丈夫ですよ！心配ないです！」と答えてくれました。ヤマと話しているうちに私の疑問も解決し安心したことを昨日のことのように思い出します。

ヤマの存在は子どもたちにとって、先生よりも近い頼れる存在の大人であり遊びの師匠であったように思います。また私にとっても先生よりも子どもの変化に敏感で子どもの成長を常に考え同志のように見守ってくれているアツい存在でした。

異学年の子ども同士のつながり、光る泥団子づくり、けん玉、裏山探検、野球、手作りおやつ、遠足等々「みちくさ」でなければ経験できなかった事や子どもの成長に役立ったと思えることは本当に数え切れません。また私自身も「みちくさ」を通して学ばせてもらえたことがたくさんありました。

そんな「みちくさ」をこれからも継続させていくにはどうすればよいか、ヤマをはじめ指導員の方々の雇用環境を守っていくにはどうすればよいかを当時の保護者会役員で協議し保護者会の運営からＮＰＯ法人化しようという動きになり、私もお手伝いすることになりました。保護者会役員の方々と共に何度も夜遅くまで大量の資料に目を通し議論し準備を進め２００８年3月に設立認証された時の安堵感は今でも忘れられません。

近所に住む職場の後輩たちから「みちくさ」が今もあの頃と変わらずあり続けていることを聞くたび嬉しく頼もしく感じています。これからも子どもも大人も「ただいま！」といえる場所であり続けてくれることを願っています。

［ヤマと「みちくさ」］卒所生・白木優季那さん

ヤマとはもう出会って17年になりますが、今も昔も、私からみたヤマは「学童の先生」というより、「友達」「兄弟」という言葉の方がしっくりくる、そんな存在です。

私とヤマは20歳くらい年の差があるのに、小学生の頃からその差を感じたことはなく、ヤマのことを「大人」と思ったことはなかったように思います。（いい意味で！）

自分が大人になって思ったことですが、大人はこどもに対して、自分の経験から得た知恵を答えとして示すことを無意識にしているように思います。確かにそうすることが必要なときもありますが、こどもは大人が思うよりも大人で、わざわざ教えなくても、置かれた環境の中で自ら考えて成長していく力を持っているんだろうなと思います。

だから大人は答えを示すことだけではなくて、こどもたちが自分なりの答えを導けるような環境を用意して導くことも必要なのかなと思うのですが、ヤマはそれをいつもしてくれていたように思います。まっすぐ答えに辿り着かなくても、ずっと優しく見守り、一緒に考えてくれるヤマだから、「先生」より「友達」になっていきました。

ヤマはひとの心に寄り添うのが宇宙一上手なんじゃないかなぁと思います。ヤマは絶対に受け止めてくれると分かっているから、ヤマにはなんでも話せるし、ありのままの自分を安心してさらけ出せます。それはこどもに対してだけではなくて、保護者の方にとっても同じだったんじゃないかと思います。

私が小学5年生の頃、学校に行くことがしんどくなってしまい、ノートに消えたい気持ちを書きまくっていたことがありました。私は隠しているつもりでしたが、両親はそのノートを見つけ、ヤマに見せ、相談していました。そのとき父が泣いていたということを後からヤマに聞いたとき、「私でもパパが泣いてるところ見たことないのに、ヤマは見たことあるんや！」と心底驚きました。きっと父自身もヤマのことを信頼していたし、私がヤマのことが大好きで信頼しているということも伝わっていたからこそ、ヤマに相談をして、涙を見せることができたんだと思います。また、ヤマは当時、私の担任の先生と話すために学校に行ってくれたり、私の問題なのに自分のことのように行動してくれていたそうです。それを知ったのは最近のことで、聞いたときは本当に心がぎゅうっとなりました。そんなふうに、私も私の家族もヤマに支えられていました。

私にとっての「みちくさクラブ」は、単なる学童保育所ではなくて、すごくあたたかくて、自分の全てを受け止めてくれる居場所、帰る場所です。そんな場所を作り上げてくれたヤマや、みちくさクラブに関わる全ての人に感謝しています。

私も来年から子どもたちと関わる職業に就きます。ヤマにしてもらったように、たくさんのこどもたちの心に寄り添い、子どもたちと一緒に成長していこうと思います！

ヤマありがとう！

第3期　子どもたちどうしでつながる〈2012年〜2017年〉

「子どもと子ども」「子どもどうし」のかかわりへ

児童数が増えたことで二つの支援単位化が進み、2か所での保育を行うことになったのがこの時期でした。当然指導員の数も増えることになりましたが、これまで培ってきた子どもたち一人ひとりへの働きかけや寄り添い合いを継続することに加え、そのことを新たに多くの指導員たちと共有することの楽しさと難しさを味わった時期でもありました。国の施策もどんどんと改善されていくのですが、分離分割など大胆な施策の転換など、これまで私たちが訴え続けてきた「よりよい保育環境」が現実化していくことで「さあこれからや」と意気に感じることもあれば、「何か大事なことを見落としてないだろうか」「子どもたちの本当の思いや願いが置き去りにされていないだろうか」と思うこともありました。よくも悪くも運営や行政施策を知り学ばざるを得ない、少ししんどい時期でした。

保育実践では、第2期が「指導員から子どもたち」というかかわりが多かった時期だとしたら、この第3期は「子どもと子ども」「子ども同士」というかかわりが増えたと感じる時期でした。意図的にそうしているわけでもなかったのですが、場面や対象となる子どもたちの様子を見て、知らず知らずのうちに「押し時」や「引き時」などを察したかかわりや働きかけを続けていたような気がします。

トモヤと子どもたち

自閉スペクトラム症と診断され入所した1年生のトモヤ。たまたまクラブにあったプラレールを使ってあそんでいるときに「これはサンダーバードだけど、雨や風でしょっちゅう停車する」「米原駅でも停車するんだよ」「このエンブレムはこういう意味があってね」など、その電車の知識に驚愕していると、そばで聞いていた2年生のケイスケが「電車好きなん?」「プラレール好きなん?」「オレんち、山登って降りてくるプラレールのパーツあんで」と話に乗ってきました。「ええ、いいなあ。それ僕も前からほしかったんだ」とトモヤが話すと、ケイスケは「ええで、今度家に見に来る?」と自宅までの地図を書いてトモヤに渡すのでした。「うん、行きたい!」と大喜びするトモヤ。そこへやってきたケンイチロウ(2年)のひと言「何書いてるん?地図?え、プラレール?オレもめっちゃ持ってんで。幻の茶色の線路も持ってんで」がきっかけで、その年の夏休みに「プラレール大会」を実行することになりました。

当時のトモヤは、すごろくをしていても口にコマを含んで吹き飛ばしたり、食事の最中も会話がとめどなく続いたり、思いどおりに事が進まないともうこれでもかというくらい激昂したりという様子が目立っていたため、まわりの子どもたちから距離を置かれがちでした。そんな彼とまわりをつないだのが「プラレール」だったこと、そのつながり方も、年上のケイスケから声をかけ、地図まで渡して同じ興味を共有しようとしたこのエピソードが私は大好きです。

その年の夏休みに行った「三上山登山」。「もうだめ」「もう無理」「帰るー!」と道中叫びまくり、最後尾で登頂したトモヤを待っていたのは、そのがんばりをずっと見ていた仲間たちでした。「がんばれトモヤ!」「このアメ食べろ!」。大歓声で迎えた登頂の瞬間を、彼は忘れないでしょう。

登所(下校)道中、マイペースで歩みを進めるトモヤをせめるようなことがあれば、「トモヤ、学校でめっちゃがんばっとるで」「一人で中庭の池見てたけど、何かあってんて」と理解を示す同学年の友だちが矢面に立ちました。まわりの子どもたちに終始叱咤激励されながら「ほっとかない」関係を築けていけたことも大きなものでした。

とりわけ、この時期に新人として赴任し、しばらくの間トモヤの専属指導員として奮闘してくれた上羽（うえば）指導員の存在は計り知れないものだったでしょう。組織が大きくなり、私ひとりの手には負えなくなった保育場面において、大きな拠り所となってくれました。何よりトモヤが心を許せる数少ない大人のひとり、言わば「重要な他者」として上羽指導員を捉えていたことは、その後のトモヤの言動を見ていてもわかります。登山の際に彼の背中をずっと押し続けたのも彼女でした。「トモヤはトモヤでええんやから」「トモヤのここがよかったけど、ここは違うで。こうやで」と、はっきりとわかりやすく伝えることが、彼にとって大きな救いとなったと思っています。

子どもたちどうしでつながっている

とある日の下校時、アズサ（2年）とけんかをしてしまったトモエ（2年）。玄関をくぐる表情が、二人ともとても暗い様子でした。アズサと一緒にあそびたい気持ち全開のトモエと、その思いが重くて戸惑うアズサ。そのお互いの違和感がいらいらを生みだし、ぶつかってしまったことがわかりました。2日間にわたってアズサ、トモエそれぞれの思いを聞きだしていく中で、アズサは「何で私ばっかりなのかがわからない」、トモエは「何で私じゃダメなのかわからない」と二人とも泣きだしてしまいました。特にトモエは「私のことがきらいなんじゃないか」と思いつめている様子でした。私の胸に顔をうずめ、オイオイと泣くトモエ。きっと、言葉にできなかったこれまでの思いが一気にあふれだしたのでしょう。私も彼女の気持ちを知り、背中をさすりながら「そんなことを思ってたんやな」「がんばってたんやな」と、彼女が抱えている思いをゆっくりと共有していきました。

その様子を見ていた6年生のテルミ。テルミは私とトモエの会話の一部始終を聞いていました。そして、宿題を中断して「トモエ、トモエ」と泣いている彼女の横から声をかけると「トモエの気持ち、うちはわかるで」と語り始めたのでした。「トモエはえらいと思う。まだ2年生やろ？うち2年生の時って、辛いこととかがあっても誰にも言えへんかったもん。言うたらあかんって思ってたから、私のせいって思ってたから、一人で我慢してた。でも、5年生のときに初めて言えてん。初めて言うたん、ここ(みちくさ)のユキノちゃんっていう人やってん。今はヤマやけど、ヤマに言いまくってるけど。なあトモエ、ヤマの前やったら泣けるやろ?この人の前やったら、いくら泣いてもいいねん。2年で自分の気持ちを言えるなんてすごいと思う。だからトモエは間違ってへんで。5、6年になったら、授業とかで『三人ひと組になりましょう』っていうのが多くなってきて、5年の時、うちはいつもひとりやっててん。誰とも一緒になれへんかっててん。そんな時ってどうなると思う? ただみんなの前で立ったまま、泣くしかできひんねん。動けへんねんか」

テルミの告白に、トモエの顔がだんだんと私の胸から離れ、彼女を見つめるようになっていきました。テルミも話の途中から泣いている。辛い経験の数々が次々とよみがえってきたのでしょう。そして後半、テルミは持論ともいえる教訓をトモエに語り始めたのでした。「トモエ、お友だちは探したらあかんねん。探したら一人になった時に『また私一人や』って、前よりもっとさみしくなんねん。お友だちは、いつの間にか自然と集まってくるような人がお友だちやと思うねん。だから探したらあかんねん。無理やり探すもんと違うねん。自然とできるのがほんまの友だちやねん。だから今は、いろんな人に積極的に話していったほうがいいと思う。そうすると誰とでも仲良くなれるやん? アズサだけが女の子じゃないし、お友だちじゃないやろ? いろんな人に積極的に話していくのがいいと思うねん」。

話を聞いていた私は、テルミが「友だちって何なんやろなあ」と言っていたことを思い出していました。話の終盤には、すっかり涙が乾いていたトモエ。テルミのことばに何回もうなずいています。やっぱり大きいなあ、6年生の言葉。存在感。すべてが順風満帆ではないからこそ伝わる、あたたかくも大事な気持ち。励まされたことと思います。その翌日、アズサとトモエ、私の三人で話をし、お互いの切実な思いを知ったことで仲直りすることができました。実はテルミ、トモエと話したあとアズサにも駆け寄り「一緒にあそべるっていいことやで」と話していたとのこと。こんな6年生たちにみちくさクラブは支えられている。そう実感したエピソードでした。

ケンカは自分たちで終わらせる

10月のある日のおやつ前。何やら外が騒がしいと思ったら、ケンイチロウ（1年生）とユウヤ（1年生）が掴み合いのケンカ。女性指導員が仲裁に入るもおさまらず、1年生の女の子たちがハラハラした表情で二人を囲むように見ていました。お互い、涙ボロボロ鼻水グジュグジュ顔真っ赤っか状態で、息を切らしてハアハアしています。靴をはき替えて二人のそばまで出た私は二人を引き離しました。しかし、二人は離れてもお互いをじっと睨んだまま動きません。私にはほとんど気付いていない様子でした。

「ハアハア」と肩で息をする二人。距離を保ちながら二人が向かい合っています。何が原因でこうなったのかこの時はまだわからなかったのですが、自他ともに認める「友だち」だった二人。しかし最近は、あそびや友だち関係のつながりに変化が見られ、以前のように一緒に遊んでいる姿は見られなくなっていました。「最近ちっともあそんでくれへん。さみしい」とケンイチロウが言えば、ユウヤも「ケンちゃんとあんまりあそんでへん」と、お互い意識はし続けているものの、「僕のこときらいになったんやろか」「なんで遊んでくれへんくなってしもたんか」と、心を探り合う日々が続いていたのです。

気になる気持ちがどんどんと膨らんでいった2学期。二人は事あるごとにお互いの不信感を口にするようになりました。「ユウは何かあったらいっつもぼくにのっかったっりしてイヤ」「ケンイチロウはいっつもおれにイヤなことしてきおる」と、本音はずっと一緒に遊んでいたいのに、それぞれイライラが募っていく。でも二人とも向き合って話すことなど恥ずかしくてできない。私はケンカを見ながら「いい機会や。ここまできたらお互い、思う存分言いたいことを言い合えばいい。とことん向き合えばいい。」と口を挟まずに、少し離れたところからその様子を見ることにしました。

ユウヤ「あんな近くで棒振り回して、もしあいつ（別の友だち）にあたったらどうなってたと思ってんねん！」

ケンイチロウ「あんなん絶対届くわけないやろ！」

ユウヤ「バッタがいるからってあんなことすることないやろ！」

ケンイチロウ「はあ？バッタとったこともないんか！2回とってたの知ってんねんぞ！」

ユウヤ「何の話してんねん」

序盤のこのやりとりから、「ケンイチロウが木の棒（枝）を使ってバッタを取ろうとしていることを、ユウヤが『他の子にあたるから危ないやん』と注意したのがきっかけでケンカになった」ことがわかりました。なるほどなあ。そして、ついにお互いの本心をぶつけるのでした。

ケンイチロウ「ほんっっまにいっつもいっつもボーリョクボーリョクボーリョク！だからユウのこといややねん！」

ユウヤ「ケンイチロウだってオレに石投げたことあるやん！」

ケンイチロウ「さいしょにユウがボーリョクするからやん！」

ユウヤ「お前だってしてるやん！」

ケンイチロウ「ユウがやってきたからやろ！」

ユウヤ「じゃあ今からボーリョク教えたろっか！」

ケンイチロウ「ほらまたボーリョクやん！」

ユウヤ「お前なあ、いっつもオレに宿題教えに来るやん。オレなあ、自分の力で宿題やりとげたいんじゃ！やめてくれへんあれ！いっつもいややねん！」（と号泣する）

ケンイチロウ「はー？ユウが教えてって言うから教えてんねんやん！そんなんも忘れたん！？」

ユウヤ「はー？言ってないし！」

ケンイチロウ「言うてるし」

ユウヤ「言うてへんし。っていうか、ユウって言わんといてくれへん？」

本音さく裂のけんか。ひと言言うたびにぼろぼろ泣き、鼻を垂らす二人。しかし私は思ったのです。「お互い力に頼らずに、上手に口論できるようになってんじゃん」と。口論の最中、私はさらに距離をとり、多目的グランド前の金網にもたれながら様子を見ることにしました。

そのとき、別の子のお迎えの車がスーッとやってきました。門扉の外で口論していた二人は後ずさりしながらその場を移動。そのときにユウヤが「だれの車や……」とつぶやいたのでした。ケンイチロウも思わず「知らん……」。これが転機となりました。ケンイチロウは、何やら自分のポケットをまさぐると、おもむろにポケットティッシュを取り出し、小さな小さな声で「ユウこれ使うか……」とユウヤの前に差し出したのでした。「……いらん」と断るユウヤ。「あ、そっ」とティッシュをしまい込むケンイチロウ。しばし流れる静寂の時間。外はもうすっかり秋の夕風が肌寒さを感じさせます。二人は無言で向き合い続けました。二人にとってとても大切な時間。ありったけのエネルギー全てを使って、思いのたけをぶつけあったからこそ訪れる安堵感とすがすがしさと、こっぱずかしさ。そして絶妙のタイミングで登場したお迎えの車が、二人をさらに引き寄せ合わせるきっかけになったのだろうと思いました。

そんなことを考えていると、ついにケンイチロウが「ユウ、石投げてごめん」とひとこと。ユウヤも「ケンちゃん、オレこそ顔つねったりしてごめん」とそれに応えたのでした。(「お前」が「ケ

ンちゃん」になってる！と笑ったものです）

そして再び、ポケットからティッシュを取り出し、無言でユウヤの前へ差し出すケンイチロウ。ユウヤはそのティッシュを受け取り1枚抜き取ると、黙ったままケンイチロウへ返します。ケンイチロウもティッシュを引き出すと、そのまま二人並んで、涙と鼻水でグジュグジュになった自分の顔を拭き取るのでした。お迎えに来たあの車をぼんやり眺めながら。自分たちで始めたケンカを自分たちで終わらせることができた瞬間でした。

「おやつにしよか。寒くなってきたし、中入ろ」と、ここで私はようやく声をかけました。「うん」と室内へ向かう二人。その途中、ケンイチロウは1度だけスキップを試みたのですがリズムが合わずつまずいてしまいました。すると後を追っていたユウヤも同じようにつまずく真似をして見せたのでした。「そういうことな」と心の中で安心する私。室内で、少し遅めのおやつを食べました。二人はとにかく笑顔でした。ゲラゲラと声を張り上げて笑うのではなく、しっとりと笑い合っている。本音で話したからこそ生まれた、目に見えない「あったかいもの」をしっかり実感しながら、しっとり落ち着いたおやつ時間になりました。

おやつ後は早速外であそぶ二人。その様子を見ていたハル（5年生）が私に「さっきの（ケンカ）何やったん？」と聞いてくれたのですが、「ケンカは大事やなあ。本音は大事やわー」と私が答えると「ああ、なるほど」と答えるハル。彼もケンカで人間関係を学んできた先輩。二人の気持ちがよくわかるようです。

二人はその後もずっと一緒にあそんでいます。翌日、隣のクラスの中尾指導員が「二人が肩組んで帰ってきたのを見て、おもしろくて仕方なかったです」と、その後の二人の様子を教えてくれました。子ども時代のケンカ。本音のケンカ。やっぱり大事にしたいです。

こうした子ども同士が見せる「子どもらしいドラマ」「子ども時代にしかできないようなドラマ」をほほえましく見つめながら、改めて原点回帰するような出来事にも出会いました。それがユウヤに関する実践記録です。自分の足で帰ってくることはあたりまえじゃない。そんなことを改めて感じました。

【実践記録3】「がんばっててんな、ユウヤ」

（1）これまでのユウヤ

執拗なまでの相手へ「ちょっかい」。ユウヤとの3年間は、このちょっかいの原因や背景をさぐる日々の連続といっても過言ではありませんでした。

背中をつっつく、声をかける、顔を覗き込む。それらの言葉の頭には「突然」「何度も」が付きます。唐突で不意で、目的や理由が相手にはわかりにくいという彼のちょっかいは注意喚起ともとれ、相手を嫌がらせらためや困らせるためにしているのではなく、ただただその反応を楽しんでいるだけのように見えました。しかしまわりからすれば意味不明でただの嫌がらせにしか見えない。当の本人はそのたびに「ぎゃははは」と笑うため、いさかいやトラブルが絶えませんでした。その数だけトラブルに発展しているにもかかわらず、それをやめようとしないユウヤ。何でやと。「お前ふざけんなよ」と何度言われてもやり続けます。何なんやと。何が彼をそうさせてるんやと考える毎日でした。

当初思い浮かんだのは、まわりを試さずにはいられないことと、困らせようと思ってしているわけではないこと、お父さんの影響の3点でした。「ぎゃはは」の裏側は「それでもこっち向いてほしい」なのだろう。ごっこあそびで発する「はよせえやおっそいなあボケ」「しばくぞコラ」は、お父さんの影響だと思いました。トラブルのたびに「それでもこっち向いてほしかったんやろ」とユウヤに聞くと「うん」とうなずくも、目線は全然違う方を向いている。伝わったという手ごたえがないことが多く、どこまでわかってるんやろ。そんな日々でした。

2年生のころのエピソードが印象に残っています。

あそんでもいない同学年の男子に突然「昨日めっちゃ楽しかったな」「逃走中またやろな」「レゴもおもろかったで」と声をかけ、相手を「は」と驚愕・混乱させることがあったのです。同じころ彼がよく言っていたのは「今日あそべる」。誰彼かまわず言っていて、「あごめん、今日はあそべへんかったわ」で終わるという一方的なやりとりでした。一連の発言を聞いていて「クラスでこんなやりとりを見てきたんやろな」「こういうことをユウヤもやってみたいんやろな」と感じた私。と同時に「こういうことをすれば友だちできる、みたいなことも思ってるんちゃうか」「やっぱり友だちほしいんやな」という推測は、今思えばこちら（大人）の大げさな解釈に過ぎなかったと感じていますが、男子とつながりたい、まわりの子たちのようにしてみたいという思いがあることは確かだろうと考えました。ただそのつながり方が一方的で唐突で執拗なために、まわりの子たちから避けられている。それが現状でした。私は何とか彼のそうした行為の裏側を知りたいと、あそびに誘っては彼の発言や目くばせ、振る舞いに目を配り、時に二人きりで話すこともありました。「友だちほしいよなあ」に「うん」と答えるユウヤ。しかしそれとて今いちピンと来ていない様子でした。

そんな中、４年生のトシコが、彼の大好きなドラえもんごっこを通して彼を遊びに誘うことがありました。これは私も嬉しい出来事だった。私もトシコと一緒にそのあそびの中にいましたが、何でもビシバシと一喝していく彼女の姿を「こわいしずかちゃん」と面白おかしく捉えながらも、当時なかなか子どもどうしであそぶことがなかった彼にとっては、照れ隠しのような、嬉しさの裏返しのような心境だったのだろうと思ってほほえましく感じたものです。

野球、虫取り、ごっこあそび、裏山探検。土曜日には地元菩提寺の名跡や寺社めぐり。彼は私がやるあそびを一緒にすることが多かったユウヤ。けん玉やコマも、当時はその手先の不器用さゆえにもしかめ４回が精いっぱい、ひもを巻くのが精いっぱいといった感じでしたが、毎日毎日繰り返していくうちに、3年生になるころにはもしかめ400回（ケンダマクロスを誕生日にねだったらしい）、コマもひっかけ手のせができるかできないかというところまで上達していきました。周りにはいつも10人以上の男の子たちがにぎやかに集まっていて、そこにユウヤの姿もあったのですが、一緒にコマを回していることはあってもそこから「つながる」なんてことはほとんどありませんでした。

(2) 子どもたちが話しあった

ユウヤの行為や言動について幾度となく時間をとり、職員同士話し合いを繰り返しました。そこにはきっと、ユウヤなりの友だちへの思いや願望があるはず。しかし一向に終息に向かわない日々に「もう思い切って本音出し合うか」と、春休み序盤の昼食後に「ユウヤに言いたいこと」というタイトルで話し合いの場をもつことにしました。ユウヤも出席している中で、です。今までみんなでこうした本音を炸裂させる場がなかったことや、これまでかなり「ユウヤをわかっていこうや」という理解に偏っていたことへの反省。何より子どもが感じているユウヤへの「否定的な意見」も大事にしたいと考えたからです。本人を目の前にして、はっきりと思っていることを伝えることでユウヤの何らしかの変化のきっかけにつながったらいい。しかし、それは賭けでした。本音を出し合うことで、ユウヤにはその事実は伝わります。でも、下手したら子どもたちとユウヤの関係に決定的な決裂を生む可能性もある。事前にスタッフとユウヤに「そんな話し合いをしようと思っているけど、どうやろ?」と聞いた私。スタッフは「思い切っていきましょう」「そういう場があってもいい」と肯定的に捉えてくれていました。ユウヤはとてもあっさりと「うん」と即答。「わかった」と返事したのですが、どこか他人ごとのような受け答えに「どこまでわかってんねんやろ」とモヤモヤした気分になったことを覚えています。

話し合いは序盤から出るわ出るわ。「何回もつねったりすんのやめて」「後をついてくる」「いやなことしてんのにすぐ笑う」「蹴ったりするの、何でかわからん」というものから「そんなことされるから、もうみちくさに行きたくないって思ったこともある」というものまで、様々な意見が出されました。特にケンイチロウ（2年）は「今までずっとされてきて、今日という今日は全部言うわ」とこれまでの怨念を晴らさんとばかりに、発言の1つひとつが力のこもったものでした。下を向いて聞いているユウヤ。辛いやろ。でもここは耐えろ。耐えどころや。心を鬼にしてその話を続けていく私。

そんな中、唐突に3年生のアイが「っていうか、いい」と言い出しました。「聞いてて思うねんけど、あんたらがそんなふうに思うからユウヤもいつまでたってもちょっかい出してくるんちゃうん」とひと言。続けてアイのとなりにいたマナ（3年）も「ケンイチロウたちだって叩き返したり文句言うたりしてるやん。ユウヤと同じことしてるやん」と続けました。彼女たちはユウヤについてではなく、まわりにいる子たちにこそ原因があるということについて言及したのでした。「でも、され続けてきたオレの気持ちにもなってみろよ」とケンイチロウが答えるも「そんなん、あそびたいって思ってはるだけやん。そんなんもわからんの。なんであそべへんのよ」とアイ。これにケンイチロウは激白で答えます。「あそぼって何回も誘ったわ！誘ったけどユウヤいっつも『やめる』ってやめおるやん。あそんでることがおもろないからかなあって思って何回もルール変えて『これやりたい』って聞いたりしたのも何回もあるわ。でもいっつも自分からやめてるんユウヤやん！」。涙目になるケンイチロウ。しかしマナは「でもそれだって、優しくさそったん？何しよう言うたん？無理やりあそぼうとか思ってたんやったら、何か『あそんだげてもいい』みたいな上から目線で、ユウヤに対して失礼やろ」と続けました。すると、それまで口をつぐんでいた6年生のマユミが「ケンイチロウみたいなこと、私もされたこともあるし。勝手にイヤなことしてくるのはあかん。だからユウヤにはがんばってほしいし……ケンイチロウとかも、もうそんなん……ほっといたらええねん！」と一喝。このときになるとユウヤも顔をあげて話に聞き入っていました。

話し合いは予定よりも長丁場になり、気が付けば1時間も経過していました。もうそんなに経ったんか。本音を出し合う場にいるひとりとしてわかったのは、指導員よりも子どもたちのほうがよっぽどユウヤのことを自然にナチュラルに捉えているという事実でした。大人はとかく大げさにとらえがちです。背景を探ろう、分析しよう。その子の特性がどうの傾向がどうの理論がどうの。そしてとにかく「何かを働きかけよう」とします。働きかけることは大事です。何かが変わります。しかし根っこはもっともっと単純なもので、「そんなんほっとけよ」と言える感性は大人は持ち合わせにくいとも思います。「こんなことを言うたらまわりからどう思われるか」というよこしまな思いが、素直に子どもを見つめるまなざしを濁らせるんじゃないか。そう感じました。

話し合いの最後に私から「ユウヤ、今日のみんなの意見聞いて感じたこと教えて」と聞くと、顔を真っ赤っかにして「え、え……」と言葉が出ない彼。絶対何も言えないに決まっています。でもこれはユウヤについての話し合い。最後はユウヤで終わらないと、と思ったのです。話し合いが進んでいく中で彼がみんなの声に耳を傾け始めていたこと。それが大切なことだと感じていました。

話し合いが終わりそれぞれが散っていく中、ケンイチロウが一人私のもとへやってきました。話し合いで見せた表情とは真逆の、何かすっきりした表情。ケンイチロウは唐突に「みんな地面でつながってるってことか」「ユウヤも同じ人間ってことか」と言ったのでした。はい？」と仰天した私。真反対の見解を討論中に、「みんなで地球を守ろう」のポスター絵のような、地球を人間たちが手をつないで囲んでいる絵を「考えた」のだそうです。さらに、3年生のケンは「何でもええからユウヤに声かけようと思う」と言うのでした。

まわりの子どもたちが彼を捉えなおそうという一定のきっかけにはなった話し合い。しかし、だからと言って、ユウヤの行為言動が目に見えて変化することはありませんでした。この日のおやつ後も、裏山に続く低い石段で1年生のマサルを突き飛ばし「あはは、落ちとる」と笑っているユウヤ。それを見て「何なのだこの現実は」と私は、怒りを通り越して、もう何も話しかける気力すらなくなりかけていました。

（3）新年度の学校とみちくさクラブ

春休みを終え、新学期が始まりました。小学校でも人事異動が行われ、元湖南市発達支援室室長の松浦加代子先生（現湖南市教育長）が新たに校長として就任。アミナのことで大変お世話になった先生であり、就任日の4月1日（土）にみちくさクラブに「来ましたよ」「この挨拶が校長としての初仕事」といつものように明るく来られたときは、まさに久々の再会、といった感じで、それはもうとにかく嬉しく心強かったことを覚えています。

4月3日（月）の夜、新年度の児童名簿を届けた流れで、先生と少しお話をする機会を得た私（これが本当のねらい）。「まあ座って」と校長室へと案内していただき席に着くとさっそく「なあ、みちくささんで気になってる子、だれ」と先生の方から話を切り出していただきました。先生としても子どものこと、とりわけ配慮が必要な子どもの情報をいち早く把握しておきたかったようです。「あの子とこの子、あとユウヤくん、ですかねえ」と答えると「ユウヤくんって4年生になったばかりの彼やんなあ」と先生。発達支援室時代にかかわった子の1人として、先生は当時の記憶を思い起こしながら話を続けられました。「私、あの子が普通学級へ行ったりとか、ましてや学童さんへ行ったって聞いた時は、ほんまびっくりして」と言われたあとの言葉が、私の心を大きく揺さぶるのでした。「あの子を何かまわりの子とつなげるとか、まわりの存在を気付かせるとか、もう無理やろう。あの子がみちくささんに行ってるだけでも、実はものすごいミラクルなことなんやで」とおっしゃられたのです。ものすごく納得しました。肩の力が思いっきり抜けていくのがわかるほど腑に落ちた瞬間でした。ユウヤがここに来ていること自体がとてもすごいこと。

私は考えました。これまでしてきたことと言えば、みちくさで見せるさまざまな「いやなこと」をどう解決するか、どう防ぐか、大人がよいと思い込んでいるほうへどう導いていくか、どう活かしていくかなど、何が足りないのか、何が不足しているのかを懸命になって探しては「これどうや」「こんなんどうや」とどんどんぶつけていた。それはそれで先の話し合いのようにユウヤを理解するための周囲への働きかけという意味では有意義であることも多くあったものの、彼自身のもっと大事な、もっと根本的な部分、「ユウヤが自分の足でここへ帰って来ている事実」に目を向けてこなかったように思いました。大事な根っこを見逃していたことに気付かされた私は、「ああ、居てあたりまえと思ってました」と正直に思いを話しました。「いやいや、田中先生がしてくれていることがどれだけ本人たちの助けになっているか」とおっしゃってくれたのですが、私の頭の中では「オレは何にもわかってへんかった」という彼に対する懺悔のような気持ちがぐるぐる巡っているのでした。

学校からみちくさクラブへと帰ってくる間、彼はどんな思いを抱いていたんだろう。友だちのこと、学校のこと、家のこと、これから何しようかなあという先の見通しのこと。普通に、誰もが感じるように、単純に楽しいことがしたかったんだろうな。だからまわりを楽しませるために（やり方は決してよくはないが）突っついたり顔をのぞき込んだりこちょこちょしたりしてたんやろな。何も期待が持てない場所なら、最初から来ないはずや。

翌日、私はユウヤに謝りました。「すまんかったユウヤ」「?」。「ユウヤさあ、ここに来てるだけですごいことやってんなあ。こんなやかましいとこで、毎日毎日ほんまようがんばってたんやな。ヤマもまちがってたわ。来てあたりまえやと思ってた。ごめん」と彼に頭を下げた私。ユウヤは「気持ちわる」と離れて行ったのですが、離れた先からずっと私を見ていて、ニッコ～な笑顔でそこに立っていました。一度うつむく私。再度見る。ニッコ～。そのうち「ハハハ！もっとやって」と近づいてきたユウヤ。まちがいなくこのやりとりがおもしろいだけ。「気持ちわる」と離れて行ったことだけで、私には十分な答えでした。

前の討論会のこともあったので、この「気づき」を子どもたちにも伝えました。じーっと耳を傾けるだけの子どもたち。対してユウヤは耳を真っ赤にしてキョロキョロしていました。すると隣に座っていたキミト（3年）やケンが「お前すごいなあ！がんばってんねんなあ！」と彼の肩に手をかけると、大きく身体を揺さぶったのでした。照れまくるユウヤ。

そして、この日を境に、ユウヤのちょっかいが完全に消えたのでした。驚くほどすぐに消えました。今までの働きかけや討論はいったい何だったのだと思うぐらい、この日を境に一切手を出すことがなくなったのです。もう驚き以外の何物でもありませんでした。しかしあえて言えば、心当たりがないわけでもありません。

私は「人間誰でも、そこを突かれると立っていられなくなるくらい、ハラハラと崩れ落ちてしまうような線のようなもの」「心の琴線」が内在していると思っています。「友だちほしいよな」「お母ちゃんにもっとこっち向いてほしいよな」。そういう言葉がけで、一瞬にして子どもたちは変わると信じています。ユウヤの場合、それは「がんばってたんやな」でした。そして事実、がんばっていたのでした。「自分でいいのか」といった存在意義の気持ちや「このあと何しよう」「何があったっけ」「まわりの友だちはどんどん変わって楽しそう」といった先の見通しなど、不安だらけの毎日だったと思います。また、誰かとつなぎ目ができたとしても、それをどう駆使していいかわからなかったのだろうとも思います。ユウヤがそうした思いを抱えてクラブの玄関をくぐっているということを、わずかながらでも知ってもらえたという安堵の気持ちや、友だちからも「がんばってんなあ」と肩を組んでもらえた体験など、リアルな肌感覚で得た実体験の一つひとつが、彼をここまで一瞬に変えたのだと感じました。

毎日、学童に帰ってくるのはあたり前じゃない。どんな子どもたちもさまざまな葛藤を抱えている。基本の基本に立ち返る出来事でした。

第4期　お前らだからできるんや〈2018年から現在へ〉

空き教室を「家」にする

この時期は、みちくさクラブで初めて、既存の施設から100メートルほど離れた小学校内に支援単位ができたことから始まります。この三つ目の支援単位（通称みちくさクラブC）の誕生です。

私は、その施設の主任指導員と、合同運営をしていた菩提寺北学童保育所わんぱくクラブの統括主任指導員の立場を担うことになり、自分の保育実践と向き合うことに加え、保育運営のマネジメントや新人指導員の育成など本格的かつ大きな任務を負うことになりました。また「放課後児童支援員資格認定講習会」の講師を担当したことから、県内外の研修会にも講師として呼んでいただく機会が飛躍的に増えてきて、みちくさクラブ内外の「育成」という命題にもトライしていくことになっていきました。

みちくさクラブ3か所で児童数は合計110名、職員数11名というかつてない大規模な学童保育所になりました。しかも前年度に指導員が大きく入れ替わり、その約半数が新人職員という体制での船出でした。指導員体制は従来と同じようにそれぞれの支援単位に主任指導員と副主任指導員を配置して、安定した形でスタートしましたが、初めての経験ばかりで、特に離れた施設間の職員連携は困難を極めました。今までよりも5倍ほど多く職員会議の機会をつくり相互の連携を図ること、保育後に別施設を訪れては連絡・報告や助言をすることなど、若い指導員たちの下支えとなる機会がいっそう増えたのですが、かなり神経をすり減らしていたのも事実です。とにかくしんどい時期でした。

保育環境も、これまで大切にしてきた「あたたかな雰囲気」とは全く逆の、アスファルトに囲まれた学校内施設です。そのことも心身の調子を崩す大きな要因でした。いくら小学校に余裕教室があるとはいえ、現状復帰できるような利用条件があります。無機質な空間そのものが、その時々の子どもたちの様子に応じて必要な環境設定をしつらえてきた私たちにとっては窮屈そのものでした。子どもたちも、「さよなら」って昇降口出たのにまた学校に戻って「ただいま」って、意味わからへん、と、馴染みづらい様子でした。

しかし、つべこべ言っても始まらない。ここを新しい「子どもたちの居場所」にしていくしかありません。何かのせいにし続けるだけでは、いつまで経っても何の解決にもならない。「ここを落ち着いて過ごせる場所に変えていかないと」と、意を決して、新人職員と手を取りながら、この部屋のよさと課題は何か、子どもたちが快適に過ごせるためには何が必要かを、毎晩のように話していきました。

当時「三つ目のみちくさができた」と噂を聞きつけたOBたちがよく来てくれました。来るたびに「ここ学童保育所っぽくなってる?」と聞いていたものです。教室を改造してこしらえた室内のしつらえが、「部屋」ではなく「家」になっているか。学校の名残りがないか、安心して過ごせるような場所になっているかを、OBたちの目から判断したかったのです。「いや、まだまだ」「だってあんなでっかいオルガン、家にないやろ」「あの掲示物どけたらイケると思う」など、OBならではの屈託ない意見に耳を傾け、改善に向けて動いたこともありました。次に来た時に「前に比べてどう?」と聞いて「うん、前よりましし」と言った言葉を聞くと「よかった、よかった」と胸を撫でおろしていたのでした。

また、内部研修にも大きく力を入れ、年4回の実践検討会や外部講師を招いての講義など「実践ありき」の内容をふんだんに盛り込んでいきました。私がかつて経験したように、学ぶ機会を若いうちにうんと経験してもらいたかったのです。私も初任者研修を担当し、第1期に経験した多くの教訓を、それこそ当時の自分に戻って懸命に語りかけたものでした。いつの間にか職員の中で早くも最年長となってしまった私にとって、この再スタートの年は、新鮮であると同時に、違った意味での大きな再チャレンジの年となりました。

新しいクラブのスタートを子どもたちの手で

私たちの不安とは裏腹に、子どもたちはこの施設自体は大いに気に入っているようでした。特に6年生のミサキとアサミは、まるでオープニングスタッフのように、真新しいこの環境を楽しい場所にしていきたいと意気込んでいました。

春休みに入り、少ない時間で準備に取り掛かることを考えたとき、どこかで子どもたちに準備段階から関わらせることで「自分たちの居場所」「自分たちのもうひとつのお家」ととらえてほしい。そんな思いで、ある日の午前、みちくさCに所属することが決まっている4～6年生の子どもたちとマット敷きに取り掛かりました。「やるやるやる！」と大騒ぎで並べていく子どもたち。正方形のピースをつなぎ合わせるジョイント式なので、巨大なパズルを組み立てているような感覚。「私パズルめっちゃ得意！」と取り組んだり、「ここ向きが違う」と入れ直したりしているうちに、あっという間に敷き詰めることができました。

驚いたのが準備への意欲や熱さです。ここからこれからが始まるんや。自分たちの手でここを創り上げるんや。そんなアツい気概が、それはそれはびしびしと伝わってきたものでした。「ここが私らの新しい場所やあ～」「大事にしたいよなあ～」と、新品のマットの上で転がり始める子どもたち。「気持ちいい～」と笑い合うと、自然な流れで「おにごっこせえへん？」と急遽おにごっこ大会が始まるのでした。

この日は汗ばむ陽気に加え、桜の花が満開。子どもたちからの声をもとに、昼食はお花見をしようと、グランド脇の桜の木の下へ移動し、みんなで美味しく食べていたのですが、その時にミサキの左手に何行かのメモ書き。ちらっと読んでみると、マット敷きが終わったあとに「スローガンみたいなん決めたい！」と急遽始まった話し合いの内容でした。話し合いでは「スローガンみたいなんを作りたいねんか。『みちくさC』で始まる短い言葉にせえへん？何かいいのない？」とミサキ&アサミの6年生コンビ。「(み)んなで(ち)からをあわせて(さ)あⒸｈａｎｃｅだ」と、順調に決まっていったのですが、なぜか(く)だけなかなか決まらない。案の定男子たちが「草や木を」とか「くさい」などふざけ始めて、6年生の二人が考えることになりました。その時のメモがミサキの手に書かれていたのです。最終的に「(く)るしみをのりこえよう」となったスローガン。今も額に入れ、保育室に飾ってあります。

みちくさクラブCの創成期は、ミサキとアサミにとにかく支えられました。年下の子に何かあったときは必ず「どうしたん」と寄り添う様子が見られ、壁に新人指導員に向けた辛辣な内容の落書きを見つけたときは「多分あの子やと思う」と目星をつけて相談を持ち掛け、解決に導いたこともありました。おそらく落書きをした子も、人や場所の急な環境変化に気持ちがついていけなくなっていたのかもしれません。新人指導員に対しても「気にせんときや」と話し、「私らがいながらこんなことになってしまって、ごめん」とまで話していたと聞くと、私が先に出て行って「どないしたん」と聞くことも大事ですが、上級生をはじめとした子どもたちにあえて任せていく場面をつくっていったほうが、任された本人たちにとっても相手の子にとっても伝わりやすく、理解しやすいのではないか、と気付き始めたのでした。

ここは第2期とは大きく違う点です。子どもが自ら率先して「ああしたい」「こうしたい」と意見表明することを、時と場合によってその判断を子どもたちに任せていく。いや、任せていける素地ができあがってきていたと言ってもいいくらい、私自身が子どもたちのことを大きく信頼するようになっていったのです。

この翌年や翌々年などの高学年たちの様子を見ていると、堂々と上級生に「してもらっている」ことに気付きました。入所間もない1年生をおんぶしたり、一緒におやつを食べたり、戸惑っている様子にいち早く気づいて駆けつけたり。反対に他愛もない「先輩風」を吹かしていたり、すぐに文句を言ったりすることも受け継いでいる。良くも悪くも、こういう文化や風土は受け継がれるものなのだと感じたものでした。良い伝統は継続し、悪しきことは見直す。大切なことです。

新しい部屋には当初エアコンがありませんでした。開設した年の夏休み期間中に、小学校内の全教室一斉取り付け工事が決まっていたためです。急遽スポットクーラーや冷風機を導入しましたが、焼け石に水状態。苦肉の策として、その年の夏休みは気温が上がる午後にみちくさクラブ

Aで過ごすこともありました。そしてようやく工事が終わった8月中頃。ミサキとアサミに「エアコン工事終わったらしいで。あとでこっそり行こう」と二人を連れてみちくさクラブCの部屋に入り、新品のエアコンスイッチを入れました。創成期を支えてくれたミサキとアサミに、最初に涼しい風を浴びさせてやりたかったのです。「ああ〜、すずしい〜」「しあわせ〜」と寝転び冷風を浴びる二人。

その後、噂を聞きつけた男の子たちがゾロゾロとやってきては「オレらも浴びたい！」と室内へ乗り込み「すずしい〜！」と言って寝転び出したのには驚きました。

子どもたちと一緒につくる日々の生活

日々の生活を子どもたちと一緒につくりあげていく、という立ち位置は基本的に変わりません。当時2年生だったイクトは「おやつ時間なんか大っ嫌い」「これがあるからみちくさに行きたくない」と痛烈におやつを拒んだことがありました。偏食の幅がとても大きく、食べられるものと食べられないものの差が極端だったことから、おやつのメニューに問題があるのか、と当初は考えていました。確かにみちくさクラブのおやつメニューは、小魚や豆類、いも類など、あまり馴染みのないおやつを出すことが多く、ジャンクフードが大好きだった彼にとって苦痛の時間であったことは確かでした。私たちは、彼の好みにも合わせるような献立を少し増やしていくことしてみました。しかし、彼のおやつ時間嫌いが変わることはありません。泣きに泣いて「もう行かへん」「みちくさやめる」と何度玄関で泣いたことか。

理由がわからず、母親とも話し合う中で、こんなことを教えてくれました。「家で話しとったんやけど、台拭き当番ってあるん？おやつを食べたあとにその机ごとにじゃんけんで拭く人を決める、って言うとったんやけど」と。おやつのメニューではなく、おやつの後にとりくんでいる机拭き当番について話していたというのです。みちくさクラブのおやつは幅広タイプの長机を8台並べ、そこに好きな者同士が座って一緒に食べています。机には台拭きが一つずつ置かれていて、自分たちが使った机を自分たちで拭いていくようにしていました。

「確かにそうですよ、やってます。子どもたちが自主的に始めていったものなんです」と話すと、母は「あれがいやなんやって」とポツリ。「え？当番になることが？」「いや、そういうよりも、『いつ当番になるかわからへん。今日なるかもしれへんし、ならへんかもしれへん』っていう、その日になってみないとわからない曖昧なことが、この子にとっていちばんしんどいことなんやって」と、丁寧に教えてくれました。「そうやったんや」と私。何かに取り組むとき、「自分はどうなるのか」「どうしたらいいか」という行動の見通しが立つかどうかが、彼にとってとても大事であることがわかりました。その見通しが持てないと、一気に不安のループへと陥ってしまう。それがたとえ、机拭きをするという、私たちから見たら何てことないようなとりくみであったとしても。物事の捉え方も1か100か、ありかなしか、白か黒か、といった両極なものだったので、いったん不安ループに陥ると「やめる」「しない」となってしまわざるを得ないのでした。

すぐ動きました。台拭き当番について子どもたちと相談し、「実はこういう不安を持っている人がいるんや」とイクトの一件をみんなに投げかけてみました。はじめこそ「しっかりがんばれよ」「慣れやって、慣れ」と相手にしなかった子どもたち。しかし「台拭き自体はオレらで進めたほうがいい」と高学年男子たちが言ってくれたこともあり継続。しかし「それでしんどいヤツがいるんやったら、その人が慣れるまで「今日はこの人とこの人って当番決めて、当番の人が全部の机拭くってしたら」と提案してくれました。すぐに当番表を子どもたちと作成し掲示。翌日、事前にイクトに「こういう形に変えたよ」「みんなが話し合ってくれてん」と当番表を前に、新しい取り組み方の説明をしました。イクトは「うん」とひと言答えただけでしたが、見違えるような笑顔でおやつ時間を過ごしていました。

見通しを持つことで生まれるゆとり

そんな当番制も、さまざまな変遷を辿り、今はとりくんでいません。子どもたちが好きなようにのびのび過ごせる場をめざすなかで、その必要があるのかと考えたからです。今は私たちが拭くようにしていますが、子どもたちのなかには、私たちを真似て一緒にお手伝いしたい子もいます。そういう子には存分に手伝ってもらうようにしています。それでいいんだと思います。イクトも、食の嗜好がどんどん変わっていき、あれだけ苦手だったヨーグルトも「食べてみようかな」と完食するまでになりました。

しかし、一筋縄ではいかないところがこの仕事の難しさであり醍醐味です。先述した壁の落書きや、うまくいかないことを他人のせいにして手や足を出すことなどのトラブルはよく起きました。そのたびに心を鬼にして厳しく迫るのですが、これまでと違った点がここにもあります。「今すぐ理解できなくてもいい。何年か後になってはじめて「ああこういうことか」と気付くこともある。それでいい」という、かなりゆとりのあるスタンスになっていたのです。

その一つの理由は、第2期に学んだ理論でした。「第一感情と第二感情」という、子どもが何かを表出する際の「根っこ」の部分にこそ触れる大切さを説いた理論ですが、それまで感情的に迫るだけだった私が一歩引いて俯瞰視できるようになったと感じています。自分の気持ちを言葉にする際に、こうした理論知を引用するのは、負けず嫌いで感情の起伏が激しい私にとってはとても効果的でした。

また、日々の記録を継続した成果でもあると思っています。その子そのものだけを見るのではなく、その子が当時置かれていた環境や背景、学校行事や友だち関係など、ありとあらゆる情報を駆使して仮説を立てる。それを立証するためにさまざまな手を打っていくことが第2期の特徴でもありました。その方法がある程度身に付き、「たぶんこうじゃないか」という見立てや見通しをつけるクセのようなものがついてきて、かなり楽観的なスタンスで子どもの様子を捉えていることに気付きました。多少のトラブルも「そう来たか」と受け止められる。これがこの時期の保育観の柱になっていました。

私生活でも子どもが生まれ、これまでの子ども観と大きく変わったことも、「今すぐ理解できなくてもいい」につながっているかもしれません。

つい最近まで、コマ検定を行っていました。一か所で保育をしていた時代から取り組んでいるもので、タテ軸に技の名前、ヨコ軸に名前が書ける欄を設けたマス目を書き、技がクリアできたら合格シールを貼っていくという、どこの学童保育所でもやっているとりくみです。使用するコマひもも段階に応じて色分けし、最初は黄色から始まりオレンジ、赤、緑、青、そして最後は黒と、柔道の帯のごとく用意してとりくむことも以前と同じです。

しかし、以前は打ち上げ花火のように、ぶわーっと盛り上がるのだけれどもすぐに下火になる、そんなことの繰り返しでした。ところが、今回のコマ検定は、およそ3か月半の間ずっと盛り上がり続けました。何が違ったのか。それは「あそびは高学年から導入する」というあそびの原則を改めて重要視したことでした。高学年が興味を持てば、必ず年下の後輩たちにその魅力が伝播していきます。これまではその原則を無視して、やりたい子どもがやりたいタイミングで取り組んでいたように思います。

今回は、原則どおりにしてみようと考えとりくんだところ、6年生のユウコがどっぷりハマってくれたのでした。ユウコは「ヒマやし、やってるだけ」とクールに答えているのですが、その執着心たるや恐ろしいもので、「今日はひもかけできてから宿題やる」と、かつての私のように燃えているのがよくわかりました。その様子を5年生のミホやリョウ、セイシンたちが見て、私たちもとりくみはじめる。さらに4年生のユナやコトミもついていく。いつしかユナがユウコの最大のライバルとなり、抜きつ抜かれつのデッドヒートに、といった展開にな理ました。このように、子どもどうしで意識し合い、教え合いながら、コマの魅力が先輩のとりくみによって継承されていくことにつながっていったのでした。部屋全体がコマの魅力に覆われると、必然的に年下の子どもたちもコマを手にするようになります。それも「ユウちゃんが使ってんのどれ？」と完全にあこがれている様子です。

保護者との向き合い方も変わりました。これまでは、自分たちが思っていることとやしてきた実践を保護者に伝えることがメインでした。あそびやとりくみしかり、事務連絡しかりです。この頃になると、保護者と相談する機会が格段に増えました。こちらから相談することもあるし、保護者から相談を受けることもありました。「保護者に」から「保護者と」の立ち位置に変わっていったのです。母自身の子育て、気になっている学校の様子、また、わが子のこれからの不安など、些細なことでも時間をとって話していきました。保護者と話をする時にいつも思うのですが、「何を話したか、話されたか」よりも、「自分のために時間をとってくれた」という嬉しさのほうがはるかに大きいのではないかと感じています。

プライベートでは息子が幼稚園に通い始めたことから、実質の「保護者デビュー」を果たした私。毎朝の車での送りを続けています。どんな些細な事柄でもそこに可能性を見出し、子どもたちのよいところを伸ばそうとしてくださる先生方に支えられながらも「保護者ってこういう疲れ方なんか」や「こういうことで悶々と考えてしまうもんなんか」と、今まで経験することがなかった「働く保護者」の立場になったことも、子どもや保護者を捉える観点をかなり変化させたものでした。保育面にも影響がないわけではなかったと思いますが、なおさら「子どもたちの味方でいないといけない」と肝に命じたものでした。

ミサキがくれた手紙

みちくさクラブCの立ち上げの時、大いに活躍してくれたミサキ。しかし小学校への行き渋りが目立ち始めたのもこの時期でした。特に担任の先生との折り合いがよくなく、いつも「担任が」

「担任が」と愚痴をもらしていました。大人への希求の念が人一倍強く、些細なことであっても「理解してもらえない」と捉える傾向があるミサキ。その頃、卒業文集の作成に向けた「６年間の思い出」を作文にすることが宿題として出されていました。作文は大の苦手なミサキ。みちくさクラブで原稿用紙を広げるのですが遅々として進まず、くしゃくしゃに丸められた原稿用紙を何度か見ました。

その折です。私の実父が急逝し５日間の特別休暇をとることになりました。あまりに急な最期だったのですが、しっかりと見届け、これまでの父との思い出を繰り返し頭の中で思い返していました。葬儀にはＮＰＯ法人みちくさクラブの理事長や事務局長の伊東さん、保護者会会長のコウイチのお母さんにも来ていただきました。

葬儀後の手続きを慌ただしく終えて５日ぶりにみちくさへ復帰した私。なぜ私が休んだのか、子どもたちもすでに知っています。外あそびに出た私のもとへ、猛ダッシュで駆けよってくる足音が聞こえてきました。ミサキとアサミでした。二人は私の身体に身を寄せると、ひと言も発さずに、私の胸に顔をうずめて泣くのでした。「ごめんなあ、心配かけて。もう大丈夫やから」と答えると、２人はポケットから手紙を出し、私に手渡してくれました。その場で開けて読むと、アサミはともかくミサキの文章が素晴らしく、感動を誘う内容だったことに驚きを隠せず、彼女たちと同じように私もその場で泣きました。内容は私の中でとどめさせてください。卒業文集の原稿が進まないなか、おそらく時間を惜しんで何度も何度も書き直したのでしょう。これだけ感動できる文章が書けるんや。その力があるんや。大いに確信したものでした。

　翌日、別の要件で小学校を訪れたときに、信頼していた先生にそのことを話しました。「そんな力があるんや……。できひんことだけしか見てへんかったなあ」とつぶやかれたあと「そんな瞬間を見られる学童さんって、やっぱりすごいところやねんな……。彼女の担任にも伝えておきます」と言っていただけました。宿題も、その後何度も書き直し、何とか形になったものに仕上がりました。

　ミサキは中学へ進学したものの、2年生の頃に完全に不登校になってしまいました。出勤途中に何度か彼女とすれ違うこともあり、通学時間と全く違う時間であったことに大いに心配したものです。連絡をとろうにもなかなかその一歩が踏み出せずにいたのも事実。妹のリエがみちくさクラブに来ていたので時々様子を聞くのですが、あまり話したくない様子。ますます心配になりましたが、日々の激務でその思いも浮かんでは消えたりする始末でした。

　しかし、数日前、小学校の個別懇談週にふとミサキがみちくさクラブへやってきたのでした。「ヤマ！」「ミ、ミサキ？」人目をはばからず、彼女は涙を見せながら私に飛びついてきました。思わず私も「ミサキ、生きてたか！よかった！」と一気に涙がこみ上げてきました。それからミサキは、不登校の間どう過ごしていたかを赤裸々に教えてくれました。心身ともに必要以上に自分のことを責めていたことも話してくれました。私は渾身の思いで「ミサキ、大丈夫大丈夫！何とかなる」と励ましました。すると彼女は「そんなこと誰も言うてくれへんかった……」と、再び嗚咽しながら涙を流すのでした。そして「やっとヤマと話せた……」とも。ここで過ごした時間はとてつもなく大きいものだったのだと感じた瞬間でした。

個別懇談を終えた母も「ミサキも私もいろいろあった……な、ミサキ」と笑顔で話され、その姿を見た私は、ようやく長いトンネルを脱することができそうかな、と感じました。ミサキも笑顔でした。小学校を卒業しても、学童保育所という、自分に戻れる場所がある。巣立った分だけ家族がある。今すぐでなくてもいい。いつかここで過ごしたことを、これからの人生に活かしてもらえたら、これ以上幸せなことはない。そう思いました。

「みちくさ」とヤマ」卒所生・宮田健太朗くん

僕は小学校1年生から4年生で引っ越しをするまでの約3年半、みちくさに通っていました。みちくさではたくさんの面白い体験ができました、その中で特に楽しかったことを三つ紹介します。

一つ目は水晶を探すことです。みちくさの裏山では水晶を見つける事ができます。友達や田中先生（通称：ヤマ）たちとスコップを持ってよく水晶を探しに行ったのを覚えています。水晶を掘り当てたときはみんなで喜んで、すごい達成感でした。ヤマはいろんな石のことが詳しいです。そのおかげで僕も石に興味が出て、見つけためずらしい石を今でも宝箱に入れて大事にしています。

面白い体験の二つ目はけん玉です。みちくさは昔ながらの遊びがたくさんできます。その中でも特に楽しかったのがけん玉です。みちくさの子どもたちは、ヤマにけん玉の技をたくさん教わりました。けん玉では友達と「もし亀」で競争したり、年に一度の公民館での発表でおばあちゃんたちに見に来てもらったり、楽しい思い出がたくさんできました。

面白い体験の三つ目は野球です。ヤマや友達と野球の練習をしたり、チームを作って試合をしたりして遊びました。ヤマとのキャッチボールは誰とやるキャッチボールよりも楽しかったです。高いボールや難しいボールをキャッチできたときにヤマがほめてくれるのがすごくうれしかったです。

次は、僕がみちくさで学んだことを話していきます。僕が友達と遊んでいる時、つまらないことでケンカをしてしまったことがありました。その時、ヤマが怒りました。怒られたあと、ヤマと友達と3人で話し合って、最終的にその友達と仲直りすることができました。僕は怒られたとき、最初は何か悪いことをしたからだと思いました。でも本当は、そのケンカが原因で僕たちが友達じゃなくなるのを防いでくれた、そんな気が後からしました。これは、ヤマが「一人では生きていけない」ということを教えようとしてくれたのだと思います。

もう一つは人に平等に接するという事です。ヤマは日頃からみちくさの子どもたちみんなに平等に接していて、一人だけが孤立しないようにしていました。ヤマはよくみんなを遊びに誘って、子どもたちと一緒に遊んでいました。それを見ている周りの子どもも、「その遊びをやりたい」と思うので、みんなで遊ぶことが多かったです。このようにヤマは、みんなへの平等さや人と人の関わりを大切にしていました。そんなヤマを見ていた僕も「差別はいけないものだ」ということを知りました。みちくさではこのようなことをたくさん学んだので、僕は今もヤマのように人との関わりを大切にすることを心がけています。僕は今中学校でいじめをなくしたいと思ったので、生徒会の副会長になりました。もうすぐ「いじめ防止活動」が始まるので、がんばりたいと思っています。

次は、ヤマのことを話していきたいと思います。ヤマはいつでも僕と遊んでくれて、僕の悩みについても自分のことのように考えてくれました。僕の家は母子家庭だったので、ヤマは僕のお父さんのような人でした。「時には優しく時には厳しく」この言葉がヤマにはぴったりな気がします。なぜかというと、ヤマは子どもたちと遊んでいる時は笑顔で仲良く遊んでいましたが、何か悪いことをした時にはちゃんと叱ってくれる人だからです。ヤマの笑顔はいつも太陽のようにみちくさを明るく照らしてくれていました。僕は、そんなヤマの笑顔が誰の笑顔よりも素敵だと感じました。そして、ヤマは時々怒りますが、そんなヤマも僕は大好きです。

僕は4年生で引っ越しをし、みちくさとお別れしました。でも、その後でもヤマは、新しい学校での悩みを聞いてくれたり、僕に向けてのメッセージカードをみちくさで作ってくれました。本当に優しい人です。そのおかげで僕は悩みがなくなり、友達もたくさんできました。ヤマには感謝の気持ちでいっぱいです。

そして、そんなヤマが一番悲しくなる時があります。それは、みちくさの子ども同士がケンカして泣いている時です。ヤマはみちくさの子ども達が泣くことをどうしても防ぎたいと感じていたと思います。泣いている子どもをなぐさめて、ケンカした子どもたちを絶対に仲直りさせていたので、僕はそんなヤマがすごいなと思いました。

昔、裏山に水晶を取りに行ったときの話です。雨が降ったあとで地面がやわらかくなっていると水晶を掘りやすいので行きました。でも地面ですべってしまい足をケガしてしまいました。その時もヤマはすぐに助けに来てくれてすごく頼もしかったです。僕はどんな人にも優しくできるヤマに憧れていました。そして僕は困っている人がいたら助けようという心意気が出来ました。

ヤマは子どもたちとよく遊びます。どんな遊びでもします。それはヤマが楽しいと思えるからだと思います。みちくさは大人も子どももみんなが楽しめて、みんなが仲良くなれるところだと僕は思います。僕にとってみちくさは第二のわが家のようなところでした。ヤマ、これからも子どもたちが心優しい人になれるように導いていってください。

[「みちくさ」とヤマ] 元保護者会会長・みちくさクラブ設立時OB・伊地知綾さん

「おかえりなさい！」と笑顔のヤマ。私が学童の中を覗き込むと、支援員さんとあそぶ長女と、寝転んで漫画を読む長男。ホッとする瞬間だ。「帰ろ」仕事で疲れた私と、遊び疲れた子どもたちと家路につく。「じゃっ！また明日!」元気な笑顔で明日の事まで安心させてくれる優しいヤマ。

長女にとってみちくさはとにかく楽しいところで、高学年になり年下の子に頼られることもまたうれしく、相談に乗ったこともよく話していた。ヤマにいろんな思いを聞いてもらうことも支えになっていた。長男にとっては、宿題をして（宿題が花丸ばかりで、うちの子天才かと思っていたら、支援員さんが添削してくれていた）遊ぶところで、「友達といるときが本当の自分だ」と家よりも伸び伸びしていた。友達といるのが当たり前だった。野球にSケン、ドッチボールなどたくさん遊びを知っていた。私にとっては安心して預けられるところで、子どもたちを育ててもらっているところだった。本当にみちくさという存在に助けられている。

私が小学生のころ、私の母と数名の保護者で『学童保育所みちくさクラブ』を立ち上げた。新婚指導員みっちゃんの家から始まり、農機を置くようなトタン屋根の倉庫の時もあった。ビール瓶ケースの上に畳を敷いて宿題をしたりくつろいだりした。裏の誰かの畑で野菜の上を跳びこえて鬼ごっこをした。空手道場の時もあった。広くて最高だったが、空手の練習日には外に出なくてはならず外で遊んだ。裏になぜかヤギがいて、学童の子ではない子もたくさん遊びに来た。一番狭かったのが3畳くらいの小屋だった。でも一番きれいだった（みっちゃんごめん）こんなに場所を転々としていたということは、場所探し、運営ともに本当に大変だっただろう。母は仕事も忙しく、夜は会議や学童のことで家にいないことも多く、子どもの私はひどい母親だと思っていた。今のみちくさがあることを思うと、みちくさを立ち上げてくれた方々と母には感謝するしかない。私だけでなく、多くの家庭がみちくさに支えられていると思う。

そんなみちくさに、熱い男ヤマがきた。ヤマのためにみちくさを法人化しようということになったそうだ。「ヤマはやばい。怒るとこわい」長男は言う。ヤマは子どものことをよく見てくれていて伝えてくれる。子どもたちのことを決して否定的に受け止めず、思いを受け止め寄り添ってくれる。保育への思いも熱く、学校でたくさん勉強してきた子どもたちを暖かく迎えて、宿題以外の勉強はさせない。放課後は思い切りあそぶのだ！ごろごろするのだ！それが子どものあるべき姿！と、異年齢で関わり、伸び伸びと遊んだり、時にはダラダラしたりさせてくれた。その思いはヤマの出す通信からも伝わってくるのだが、ヤマは子どもが育つ瞬間・キラリと輝く瞬間に心が震えるようだ。それが子どもたちにも伝わり、思いを共有していくのだと思う。心が震えた時のことを話すヤマはよく目頭を熱くして抑えていた。

そして孤独で忙しい母たちにとっては、我が子のことを一緒に考えてくれる頼もしい存在だった。ヤマとの話待ち渋滞なるものにも遭遇したことがある。隣の校区のわんぱくクラブと合併の話が出た時には、多くの反対意見が出た。みちくさの指導員体制やヤマがそちらの学童に行くことを心配する声が多かった。でも、ヤマや法人理事会は、校区が違っても、同じ大切にするべき子どもや保護者に変わりないことを訴えた。そのような視点でいてくれることが嬉しかった。今では統合し、わんぱくクラブも安定した運営が行われている。（運営については運営事務局の方の多大な努力・労力のおかげだと思います）

３つ目の支援単位Cができたとき、本当は帰ってくるところとして、学校内は避けたかったが現実は難しく、空き教室を使わせてもらうことになった。学校から提示された場所は私が勝手に予想していたよりも、広く良い場所だった。同じ校舎内だが校門を出て、ぐるっとまわって「ただいま」と帰ってくることができた。でもやはり音楽室だったため声や音が響き落ち着かない、どうしても教室感が拭えない、そしてクーラーがない。大変な苦労と工夫をヤマはしていたと思う。Cを分解して、子どもたちの行き先を確保して、暑い暑い夏休みを何とか乗り切ってくれた。うちの子どもたちはまあまあ楽しそうにしていた。ヤマはまあまあ疲れていた。

そんな苦労もあってか、すっかりおじさん、いやベテランになったヤマ。若い支援員さんも熱い思いを持っていて、個性が豊かで、保育が楽しそう。前にヤマが「なりたい職業ブックに、学童保育支援員が載っていた！」と少女漫画タッチの本をすごく嬉しそうに見せてくれた。きっと熱い思いを持った支援員さんを見て育ったたくさんの子どもたちがいるんだろう。学童保育は今後さらに必要とされ、その価値がこれから認められていくだろう。とまた勝手に予想した。そして、これからもすっかり涙腺の緩くなったヤマが、たくさんの子どもが通い、育つみちくさのあちこちで目頭を押さえながら心を震わせているに違いない。

第Ⅲ章　「学童の指導員になる」とはどういうことか

1　田中さんは、どのようにして「学童の指導員」になったのか？

（1）「学童の指導員になる」とは？

本章では、指導員として成長していくこと（ここでは、「学童の指導員になる」と表現したいと思います）について、そのためにどのようなことが必要になるのか、前章（田中さんの実践記録）を参照しながら考えてみたいと思います。また、後半ではそのことを踏まえつつ、どのような学童保育指導員を目指していくことが求められているのか、試論を試みます。

まず、「学童の指導員になる」とはどういうことなのかを確認しましょう。松田洋介は、学童保育所に通う子どもたちが、そこでの生活を積み重ねる中で、学校での価値基準（競争的価値観）に基づいて行動するのではなく、学童保育所ならではの価値基準に基づいて行動するようになること、その結果、安心感をもって学童保育所に通う姿をみて、「学童の子ども」になると表現しました。[1] このように、子どもたちが「学校の子ども」から「学童の子ども」になるためには、そこに指導員の寄り添いが必要だと考えられます、また、共に生活する子ども同士の関係も「学童の子ども」になるためには、欠かせない要素と言えるでしょう。

では、学童保育所で働く指導員はどうでしょうか。「学童の指導員」になるとはどういうことなのでしょうか。

例えば、Aさんが、思い立って、とある学童保育所に就職したとします。そのとき、Aさんは、すぐさま「学童の指導員」になったと言えるでしょうか。もちろん、就職をしたのですから、指導員としての職務を担っているのは確かです。もしもあなたが、「指導員は誰でもなれる職業だ」……と考えるならば、このような理解に留まるでしょう。

しかし、はたしてそうでしょうか？　例えば、夏休みだけのアルバイトとして学童保育所で子どもとかかわった大学生はどうでしょう。このような大学生も同様に「学童の指導員」になったと言えるでしょうか。教育実習や保育実習を行う大学生を「教員」や「保育者」になったとは見なさないように、学童保育所でアルバイトをする大学生も「学童の指導員」になったとは言えないのではないかと考えます。

ただこのように言うと、今日の法制度をしっかりと理解している方は次のように考えるかもしれませんね。Aさんは、まだ放課後児童支援員認定資格研修（以下、認定資格研修）を受けてい

（1）松田洋介（2018）「『学童の子ども』になるということ」『学童保育研究』第19巻、pp.33-38

ないのだから、支援員（指導員）とは言えない……。でも、認定資格研修を受講しさえすれば、「学童の指導員」になるのだ、と。しかし、認定資格研修が開始されたのは2015年からです。近年の制度に依拠する考え方だと、それ以前から学童保育に従事していた指導員（学童保育つくり運動に従事しながら、実践としての学童保育の根幹を構築してきた指導員）はどうなるのでしょうか。認定資格研修以前は、「学童の指導員」は存在しなかったことになってしまいますね。

つまり、「学童の指導員になる」ということは、学童保育所で働いているから……とか、認定資格研修を受講したから……ということによって示されるものではないのです。

本章では、学童保育所という場に立ち入り、そこで、さまざまな子どもや大人と〈ともに居続ける〉ことで成長することを「学童の指導員になる」と表現します。それは、学校的な価値基準から学童保育ならではの価値基準に基づいて子どもとかかわることが出来るようになるプロセスです。また、そのプロセスは、中西新太郎が「『共にそこにいられる場』をつくろうとするとき、支援者もまたこの小さな社会（居場所）の当事者」となると述べているように[2]、学童保育実践において、指導員自身が日々の遊びや生活における子どもたちの〈今〉に向き合い続けることを通して、子どもとの間に〈われわれ〉という一人称複数の関係をつくり出すことに他なりません。ちなみに、このような関係の成立は、矢野博史による目的的行為である〈教える〉と〈ケア〉の接続可能性の議論[3]を参考にしていますので、これについてはまた後から説明します。

指導員と子どもたちとの間にこのような関係をつくり出すためには、たくさんの経験と長い実践の蓄積が必要でしょう。では、「学童の指導員になる」ためには、どのような経験や実践を積み重ねることが必要なのでしょうか。本節ではまず、田中さんの実践（第Ⅱ章）をもとに、「学童の指導員になる」ために必要な経験について確認したいと思います。

（2）「学童の指導員になる」ための五つの経験

田中さんの実践記録は、指導員の職に就いた2003年から現在に至るまでの20年弱の指導員の成長の記録です。もちろん、その時々において、さまざまな背景を有する子どもたちとかかわってきたことが多くの事例として示されており、具体的な子どもへの対応を学びとることができる実践記録であることは言うまでもありません。しかし、本章では、そのこと以上に、ある男性が「学童の指導員になる」ために経験してきたことや実践してきたことの記録としての価値に焦点をあてたいと思います。まだまだ男性指導員数が少ない学童保育において、このようなキャリア・プロセスが示されることは、これから指導員を目指す人たちにとって貴重なロールモデルと

（2）中西新太郎（2011）「生きる場所を築くということ」『学童保育研究』第12巻、p.18
（3）矢野博史（2019）「目的的行為としての〈教える〉と〈ケア〉の接続」坂越正樹監修　丸山恭司・山名淳編『教育的関係の解釈学』東信堂、pp.126-139

なるはずです。……なお、結論を先取りすれば、田中さんの実践記録から導かれる内容は、性別に限らず、指導員として成長するために必要な要素（経験）を示していると言えます。

では、田中さんのキャリア・プロセスをもとに、「学童の指導員になる」ためには、どのような経験が必要なのかについて確認してみましょう。

①子どもとの出会い

まず言えることは「子どもとの出会い」です。子どもと向き合い、ともに遊び、生活をする「学童の指導員になる」にあたって、この経験を外すことはできません。しかし、田中さんの記録からは、「子どもとの出会い」の中にもいくつかの種類があることが読み取れます。

第1に、学童保育所の指導員として就職した際の子どもとの出会いです。例えば、面接の際に、これから指導員になるかもしれない大人（＝田中さん）を観察しに来た子どもたち。指導員として働き始めてすぐに、「いつやめんの？」と声をかけてきた子どもたち。また、遊んでいる最中に、「なあ、あそんでいい？」と言ってきた子どもたち……。このように、指導員の職に就き、働き始めた際には、さまざまな子どもたちと出会うことになります。それは、これまでにつくり上げてきた子ども観（≠〈子ども〉というイメージ）とは必ずしも一致しない、指導員の目の前で生きている子どもたちです。この出会いを受け入れること、つまり、自らの子ども観を目の前の子どもたちに照らして更新することが最初の一歩となります。

第2に、自分自身に大きな影響を与えることになる子どもとの出会いです。田中さんの記録においても、第Ⅰ期の間に何人かの子どもたちがこのような出会いの対象として描かれていました。その中でも、最初に「いつやめんの？」と聞いてきたサキエの卒所エピソードや、詳細な実践記録が示されているアミナとの出会いは、田中さんにとって、より影響の大きい子どもとの出会いだったのではないかと思われます。なぜなら、田中さんは、彼が指導員になった時の言葉を4年間忘れることなく覚えていたサキエとのやり取りから「毎日そこにいる支援員の存在の大切さを改めて思い知りました。今でも鮮明に思い出す出来事」（62頁）だったとふり返っています。また、アミナとの関係では「子どもの中にある、そこを突かれたらハラハラ崩れ落ちるポイントを突くこと、すなわち子どもの『心の琴線』に触れることの大きさを知ることができた」（66頁）と、実践を意味づけています。「学童の指導員になる」プロセスにおいて、指導員とはどのような存在なのか。また、子どもとかかわる際にどのようなことが大切なのか。このような実践の中で生成される理論の根底にある経験が、このような子どもたちとの出会いと言えます。

第3に、実践記録を書く際に出会い直す〈子ども〉です。田中さんの記録では、「出会いなおし」という言葉は、「子どもたちは他者との出会いやモノ・コトとの出会いの末に、新しい自分自身と出会いなおすのではないか、という仮説……」（88頁）というように、「子どもたちの出会いなおし」に焦点があてられていました。しかし、本節で重要な経験として位置付ける出会い直しとは、「学童の指導員になる」プロセスにおいて、指導員自身が〈子ども〉と出会い直すということです。毎日、子どもたちとかかわる指導員は、常に事実としての目の前で生きている子どもと出会っています。しかし、そこでの子どもとのエピソードを記録し、中期的あるいは長期的な実践記録を書く際には、事実としての子どもそのものと向き合うだけではなく、指導員自身のフィルターを通して映し出される〈子ども〉とも向き合うことになります。実践記録を書くことは、そこに登場する子どもの記録というだけでなく、指導員自身の中にある〈子ども〉と出会い直すプロセスであり、この出会い直しの経験もまた「学童の指導員になる」ために重要な「子どもとの出会い」と言えるでしょう。

②指導員との出会い（存在）

つづいて確認できるのは「指導員との出会い（存在）」です。これについても、いくつかの種類があるようです。

第1に、先輩指導員との出会い（存在）です。田中さんは、指導員としてのキャリア・プロセスにおいてさまざまな先輩指導員と出会っていました。例えば、初任期の実践がうまくいかないなかで、「『子どもたちへの向き合い方を学んできてほしい』と、男性指導員が勤務する湖南市内の学童保育所へ1週間の実地研修」（46－47頁）を経験しています。その際出会った先輩指導員からは、「具体的なアドバイスもたくさん教えてもらったのですが、先輩が重要視されていた仕事への向き合い方、姿勢、考え方」（47－48頁）を学んだことが、ふり返られていました。また、毎週一度開かれていた同市内の指導員会議に参加し、「稚拙な実践を揉みに揉みまくってもらった経験」（54頁）をしていたこともこのような出会いをきっかけとしたものでした。また、田中さんは、このような勤務地周辺での出会いとともに、全国規模の学びの場へと参加することで、「指導員歴20年以上という大ベテランの男性指導員」（55頁）との出会いなども経験していました。

第2に、同年代の指導員との出会い（存在）です。指導員としてのキャリアを積み重ねることが少ない学童保育においては、同年代の指導員との出会い（存在）はとても貴重なものです。とりわけ、母数の少ない男性指導員においてはなおさらです。おそらく自らが勤務している学童保育所がある自治体内だけではなかなかそのような出会いは得られないでしょう。第Ⅱ章において、田中さんは、本書を共同執筆している中山先生との出会いをそのような出会い（存在）として意味づけていました。最初に出会ったときこそ「畏れ多い存在」（56頁）であったものの、通信の作成などをまねたり、ライバル意識を持ったり……。また、中山先生が現場から離れ、研究職の道に進んだ際には悔し涙を流したことなど、その時々において、田中さんへ大きな影響を与えた同年代の指導員であったことがわかります。

第3に、実践をともにする同僚指導員との出会い（存在）です。田中さんは、実践を積み重ねる中で、とりわけ第Ⅱ期以降、職員集団としての連携や共有を強く意識するようになっていました。例えば、トモヤとのかかわりにおいて、新人の上羽指導員とともに、寄り添ったことが一つのエピソードとして記されています。ただ一方で、初期の頃の同僚指導員との出会い（存在）は、田中さんにとって重要な経験とはなっていないようです。むしろ、近隣クラブでの実習を経てみちくさクラブに戻ってきたとき、「保育記録」のあり方を変更したことで、同僚指導員との別れを経験したことのほうが、田中さんにとっては、「学童の指導員になる」という積極的な思いをより強めたように思われます。

③挑戦すること、失敗すること

以上のように、「学童の指導員になる」ためには、他者との出会いは欠かせません。このような出会いを自らの経験として意味づけ、そこから学びとることが何よりも重要です。

しかし、「学童の指導員になる」ために必要なのは、以上のような他者との出会いだけではありません。例えば、田中さんのキャリア・プロセスでは、たびたび「挑戦と失敗」が繰り返されていました。とりわけ、初期の頃には、子どもとのかかわりを通してさまざまな失敗を経験したエピソードが記録されています。しかし、そのたびに新たな実践に挑戦し続けてきたことも同様に読み取れます。また、田中さんの記録において「挑戦と失敗」の経験として象徴的なのは、実践記録を書き、学童保育指導員専門性研究会や日本学童保育学会などの場で発表し、そのたびに、助言者や参加者の反応にショックを受けたことです。完全に打ちのめされるような経験をしながらも、しかし、繰り返し実践記録を発表する機会を経験しています。

養成課程を経ることなく実践を行うことになる指導員にとって失敗は避けられません。つまり、失敗することも、「学童の指導員になる」ためには必要な経験なのです。そのため、できるだけ失敗をしないような実践をしたり、失敗をしてもそのことを受け入れずにいたりすると、指導員として成長するための機会を失うことになるのです。また、ただ失敗をすればよいということでもありません。失敗したら、そのことをふり返り、もう一度挑戦してみることが重要です。なお、学童保育実践とは、直に子どもと向き合う保育実践のみを指すわけではありません。田中さんのように、さまざまな学びの場に参加し、自らの実践をアウトプットするようなことも学童保育実践です。このような広い意味での学童保育実践における「失敗と挑戦」こそが「学童の指導員になる」ために必要な経験だと考えます。

④物語り続けること

③の経験と関わって重要になるのが「物語り続ける」という経験です。田中さんは、学童保育

実践において挑戦し続けるなかでさまざまな失敗を経験していましたが、そのたびにより良い実践記録を書くことを繰り返していました。また、さまざまな葛藤や困難と向き合うなかでも、実践記録を書き続けていました。このようなことから、田中さんにとって、実践記録を書くということは、何らかの壁にぶつかった時にそこで生じるモヤモヤとした気持ちを解消する手段であったのではないかと思われます。

また、上述の通り、実践記録を書くことは、自分の中の〈子ども〉と出会い直すことです。そのため、誰よりも多くの実践記録を書いてきた田中さんは、結果として、より広く柔軟な〈子ども〉イメージを作り上げていたのではないかと思います。葛藤や困難、失敗から立ち直り、次の一歩を踏み出す手段は人によってそれぞれですので、「物語り続ける」ことが必ずしもこのような状況を解消するかというとそうではないでしょう。しかし、このような状況の解消という文脈に限らず、指導員として、「物語り続ける」という経験は、「学童の指導員になる」ために不可欠であるということは、実践記録を書いたことのある指導員とそうではない指導員との間に見られる差として、経験的に示されるものではないでしょうか。

⑤立場や環境の変化とその適応

最後に、「立場や環境の変化とその適応」です。他の職種がそうであるように、指導員もまた、常に一指導員としてふるまい続けられるわけではありません。とりわけ、平均勤務年数が短いこともあり、比較的早い段階で初任期を終え、パートやアルバイトの指導員とともに、チームとしての学童保育実践を考えなければなりません。また、時には、初任期でありながら、同時にリーダーシップを発揮することが求められることもあります。このような立場の変化は、「学童の指導員になる」ことを外部から求められることです。また、とりわけ2000年以降、学童保育を取り巻く政策や制度は大きく変化してきました。上述した認定資格研修の実施はもちろん、「放課後児童健全育成事業の設備及び運営に関する基準」や「放課後児童クラブ運営指針」の策定により、指導員の労働環境は変化してきました。さらに、施設環境についても同様に大きく変化してきています。なお、このような変化は時にマイナスのものとして響くこともありますが、組織的な視点に立つと、定期的な刺激は組織の維持・発展を図るにあたって重要な契機とも言えます。かつての実践に固執するのではなく、学童保育を取り巻く変化を柔軟に受け入れ、適応していく姿勢が求められます。

(3) 経験から学び「学童の指導員になる」

以上のような経験から学ぶことを示したのが、Kolbによる経験学習モデルです(図1)。経験学習モデルにおいて、「学習とは経験を変換することを通じて知識を創造するプロセス」のこと

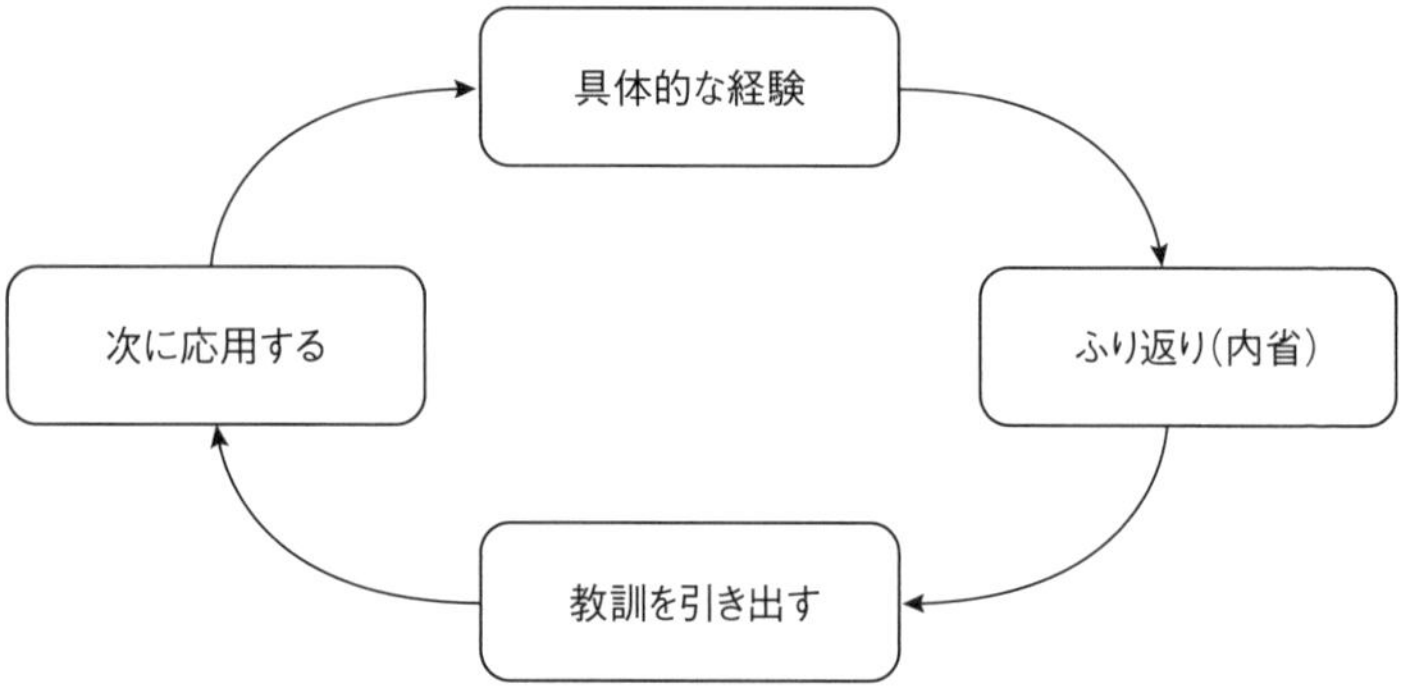

図１　経験学習モデル[4]

を指します[5]。つまり、何らかの具体的な経験をし、そのことを振り返ることで（内省）、そこから教訓を引き出し、またその教訓を新たな状況に応用し、再び経験を繰り返すサイクルを通して、学ぶということです。

では、図1に示されているそれぞれのプロセスは何を意味するのでしょうか。

まず、「具体的な経験」とは、日々の実践の中で具体的な経験をすることを指します。学童保育実践では、まさに子どもの遊びや生活にかかわる実践そのものと言えるでしょう。また、この他にも保護者や地域の方とのかかわりや、田中さんの実践に見られたような実践記録の発表、検討なども具体的な経験です。

つぎに「ふり返り（内省）」の段階です。「ふり返り（内省）」とは、以上のような具体的な経験をさまざまな視点からふり返ることを指します。学童保育実践では、一日の終わりに子どもとのかかわりを反省することもそうですし、実践検討会などの場において報告・検討を行うことも内省です。また、実践検討会や学会での発表などの経験自体をふり返ることも、学童保育実践の内省にあたります。

つづいて、「教訓を引き出す」とは、内省によって得られたことを、他の経験においても活用できるように、自分なりの理論や仮説としてまとめることです。日々の反省や実践検討会で検討したことをそのままにしておくのではなく、次の実践に向けて得られた内容を思考することが大切です。これについても、子どもの遊びや生活へのかかわり方そのものについて引き出される教訓と、そのことを記録し、発表・検討するようなアウトプットの実践に関して得られる教訓があります。

最後に、「次に応用する」という段階です。「次に応用する」とは、得られた自分なりの理論や仮説を実際に活用してみることです。子どもとの遊びや生活に関して教訓化された理論や仮説を実際に活用し、そのことを経験することで、再び経験学習のサイクルが回ります。

このように経験学習のサイクルを回すことで人は成長をしていきます。つまり、「学童の指導員になる」ためには、さまざまな経験だけをしていれば良いということではないということです。

（4）Kolb, D. A.（2015）*Experiential learning: Experience as the source of learning and development Second edition.* Person Education Limited. p.32 Figure2.1 より作成。

（5）脇本健弘（２０１５）「教師は経験からどのように学ぶのか―教師の経験学習」中原淳（監修）・脇本健弘・町支大祐『教師の学びを科学する―データから見える若手の育成と熟達のモデル』北大路書房、p.48

そのため、同じように指導員の仕事をしていたとしても、常に「ふり返り（内省）」と「教訓を引き出す」ことを行っているか否かによって、ただずっと同じことを繰り返しているだけなのか、それとも、「毎年違うことを身につけて、常に成長してゆくことができる」のか、[6]その人によって成長の度合いは異なることが予想されます。松尾睦は、「経験から学ぶ力」に差があることについて、「適切な『思い（自己と他者への関心）』と『つながり（他者との関係）』を大切にし、『挑戦し、振り返り、楽しみながら』仕事をするとき、経験から多くのことを学ぶ」ことができるのだと言います。[7]

指導員の仕事は、守りに入れば常に自らの守備範囲の中でのみ仕事をすることが可能です。しかし、経験から学ぶためには、ルーティンの仕事ばかりではなく、できるかどうかわからないチャレンジングな課題（少し背伸びをして何とか届きそうな課題）を見出し、挑戦する姿勢が大切です。そのような課題と出会うためには、学童保育所内に閉じこもっていてはいけません。地域の指導員で行っている実践検討の場や全国規模の学会や研究会に参加することで、挑戦する土台をつくることが必要です。また、日々の実践の中で、常に「もっと良いかかわり方はなかっただろうか？」

（6）松尾睦（2015）「経験学習とOJT研究の現在―育て上手のマネジャーの指導法」中原淳編著『人事よ、ススメ！―先進的な企業の「学び」を描く「ラーニングイノベーション論」の12講』碩学舎、p.10
（7）同上、p.20

表1　経験から学ぶ力のチェックシート（指導員版）

	経験から学ぶ力	チェック☑	合計スコア
ストレッチ（挑戦する力）	挑戦するための土台づくりとして、日々の実践に工夫しながら取り組んでいる		
	周囲の指導員の信頼を得て、自ら挑戦できる機会を得やすい状況を作っている		
	今の自分にできることをきっかけにして、挑戦を広げている		
リフレクション（ふり返る力）	日々の実践において、行為をしながらふり返っている		
	他者（指導員や保護者など）からフィードバックを求めている		
	批判的な意見にオープンになり、新たな実践につなげている		
エンジョイメント（楽しむ力）	実践の面白さの兆候を見逃さないようにしている		
	取り組む実践の背景を考えて、そこに意味を見出している		
	目先の楽しさを追わず、後から実感できるような喜びを待っている		
思い	自分のことだけでなく、他者のことを考えて実践している		
	他者から認めてもらえるような成果だけでなく、自分自身の能力の向上を目標としている		
つながり	勤務している学童保育所の指導員以外から率直な意見を聞いている		
	自分の成長にとって必要な存在を理解し、その人たちと誠実につき合っている		
	自ら発信し、相手の意見を受け入れている		

※☑一つにつき、1点で換算し合計スコアを記入する。※2点以上であればOK。1点以下だと力が不十分。

とふり返る姿勢や、困難な状況に陥っても、実践の中に面白さを見出すような姿勢を持つことも必要です。表1は、松尾睦が作成した「経験から学ぶ力」のチェックシート[8]を、学童保育指導員用に文言を変えたものです。田中さんの実践記録から導かれた五つの経験を踏まえつつ、そのような経験をすることができたとして、その経験から学ぶ力がどの程度あるのか、現在の自分の姿勢を確認することも「学童の指導員になる」ための一歩と言えるでしょう。

2 「学童の指導員になる」とはどういうことか

(1) 指導員としての熟達と実践知の形成

ここまで田中さんの実践記録をもとに確認してきたように、「学童の指導員になる」ということは、さまざまな経験や実践を積み重ねながら、新たなスキルや知識を獲得していくことによってなされます。このように、人が様々な経験を通じてより高いレベルのスキルや知識を獲得することを「熟達」と言います。楠見孝によれば、人は「熟達化」することで適切に状況を把握し、自己調整によって柔軟な行動ができるようになります[9]。

では、「熟達」とはどのようになされるのでしょうか。

熟達には三つの段階があります。[10] 第1に「定型的熟達」です。これは、初心者が先輩の指導を受け、ある領域に関する手続き的な知識（ハウツー的なもの）を身につけ、定型的な仕事であればすばやく正確にこなすことができるようになる段階です。しかし、この段階では、柔軟に職務にあたることは難しく、突発的な事態へは十分に対応できないとされています。第2に「適応的熟達」です。これは、ある領域における手続き的な知識を十分に身につけるとともに、新たな事態に対しても柔軟に対応できるようになる段階です。過去の経験を蓄積し、そこから概念的知識を構成することで、新たな事態であっても類推しながら問題解決にあたることができるとされています。第3に「創造的熟達」です。これは、「適応的熟達」に達した実践者が、より創造的な判断や問題解決が可能になった段階です。なお、多くの人が時間をかければ「定型的熟達」に達することができますが、「創造的熟達」に到達できる人は限られています。[11]

（8）同上、pp.17-20

（9）楠見孝（2010）「大人の学び―熟達化と市民リテラシー」佐伯胖（監修）・渡部信一編『「学び」の認知科学事典』大修館書店、pp.250-263

（10）楠見孝（2014）「経験学習のクオリティを高めて熟達を早め、深化させる方法」株式会社リクルートマネジメントソリューションズ『RMS message』vol.37 pp.3-5

（11）同上、p.3

では、指導員にはどの段階の「熟達」が求められているのでしょうか。まず、指導員を、ただ子どもを預かる存在として捉えているとするならば、どうでしょうか。この場合、そもそも「熟達者」として認識していないことになります。しかし、本章では「学童の指導員になる」ということに焦点をあてているように、指導員を、経験からの学習を通して何らかのスキルや知識を獲得していく存在と捉えています。それでは、ここで求められる熟達とは、日常的に先輩指導員の支援を受けながら、毎日の保育の流れを理解することや、子どもたちを見守りながら共に遊べるようになることでしょうか。もし、このような理解をするならば、指導員は「定型的熟達者」として認識されることになります。しかし、植田章が、判断の問われる場面を事例として指導員の専門性を明らかにしようとしてきたように[12]、指導員には、その日その日の子どもの状況を適切に把握し、柔軟な判断や指導が求められるとともに、学童保育所において生じるさまざまなトラブルや困難という状況に応じて、創造的な対応が求められます。したがって、「学童の指導員になる」ということは、「定型的熟達者」を越えて、「適応的熟達者」を目指すことだと考えられます。

「適応的熟達者」になるということは、過去の経験を蓄積し、概念的知識を構成することを必要とします。指導員にとって、このような概念的知識を構築することは、日々の実践を記録し、その検討を行うことを通して実現されます。楠見孝が、熟達するということは「豊かな実践知を備えることと同義である」と指摘していることを踏まえれば[13]、指導員は、実践記録を書き、実践検討会を行うことを通して「実践知」を形成し、その「実践知」をもとに類推して新たな事態に対応できるようになります。このような姿が「適応的熟達者」としての指導員です。

なおこのとき、指導員が形成する実践知とはどのようなものなのでしょうか。佐藤学による教師の実践的知識の整理[14]を参照し、指導員が形成する「実践知」の特徴をまとめると、以下の五つの視点があげられます。

(1)それぞれの指導員が持つ経験や環境に依存する知識
(2)一般的な知識ではなく、特定の子どもや遊び、生活環境の文脈に基づく知識
(3)現場の複雑な問題の対応が前提であるため、特定の学問領域に還元できない総合的な知識
(4)無意識のうちに培ってきた子どもの捉え方や枠組みの影響を受ける潜在的な知識
(5)アカデミックな理論をもとに構成されていない、きわめて個人的な知識

以上のように、「学童の指導員になる」ために必要なスキルや知識とは、「熟達」の観点で見れ

(12)植田章（２００３）「判断の問われる場面と専門性：学童保育指導員業務調査から」佛教大学社会学部『社会学部論集』36号、pp.157-174
(13)楠見（２０１４）前掲書、p.3
(14)佐藤学（１９９６）『教育方法学』岩波書店

ば、学術的知識を学ぶことや特定の専門領域における支援スキルを得ることではありません。それは、それぞれの指導員が日々の実践の中で経験したことをふり返り、そこから得られた教訓としての知識や実践的スキルでなければなりません。つまり、第1節であげたように、さまざまな「子どもとの出会い」を通して、「物語り続けること」で得られた「実践知」です。そのような「実践知」を獲得していくプロセスを通して、指導員は熟達し、「学童の指導員になる」ことができるのです。

(2) 学習の実験的領域

以上のように、経験から学び、熟達化するためには、学習の態度と省察の二つの条件が必要です。[15] まず、学習については、「経験から学ぶ力」としてもあげられていた挑戦が欠かせません。つまり、自分の能力を少しだけ超えたような挑戦的課題へのチャレンジという行動が必要となります。

また、省察には、「ふり返り的省察」と「見通し的省察」「行為の中の省察」という三つの種類があります。ふり返り的省察とは、「自分の過去の行為や体験を解釈して深い洞察を得ること」であり、「一日の仕事が終わった後、あるいは1週間ごとにそれを行うと、経験から学べる質量が飛躍的にアップする」と言います。[16] 一方、見通し的省察とは、その逆で、「未来に向け、自分の行為をシミュレートしてみること」であり、ふり返り的省察と組み合わせることで、失敗から学びやすくなると言います。[17]これらの中間に位置するのが行為の中の省察です。省察的実践とも言われ、自らが行為を行っている間に、状況に注意を向け、行動を適宜調整することを指します。

したがって、指導員として熟達するためには、新たな課題に挑戦したり、そのことをふり返ることができるゆとりや余裕のようなものが日常的な実践の中に必要です。このような学習が成立するために必要な猶予（ゆとりや余裕）を持つ社会空間を「学習の実験的領域」と呼びます。[18]福島真人は、大人の学びにおいて代表的な理論である「正統的周辺参加」の議論は、「中核的活動の周辺に、ある種のセーフティゾーンのようなものがあることを前提」としているとし、アフリカの仕立て屋の例についても「基礎的な実践（たとえば布の型取りのような）を行いつつ、そこで失敗してもそれが大目に見られ、失敗によって生じるさまざまなコストに関して、追求されないような、そうした空間がある」ことを指摘しています。[19]

(15) 楠見（２０１０）前掲書、pp.258-259
(16) 楠見（２０１４）前掲書、p.4
(17) 同上、p.4
(18) 福島真人（２０１０ａ）『学習の生態学―リスク・実験・高信頼性』東京大学出版会
(19) 福島真人（２０１０ｂ）「学習の実験的領域―学習の社会理論のための覚書」佐伯胖（監修）・渡部信一編『「学び」の認知科学事典』大修館書店、pp.104

しかし、実際の日常的な実践においては、「時間」や「損失」「法的、倫理的責任」などの制約条件があるため、「学習の実験的領域」を確保することは困難です[20]。その結果、学習の可能性が閉ざされてしまうことになるのですが、そのことは、結果的に学習されなかったことによって失敗の意味づけがなされないままであることを示しており、以下の引用のように、避けたはずのリスクは別の損害として表出することになります。

なぜなら、実験的試行に伴う失敗がもたらすさまざまなコストは、極端な場合人命にかかわることもあり、それだけ巨大な損失に対しては、法的な厳罰を望むといった強い意見が主張されがちであるからである。しかし、問題は、そのようにして実験的領域を制約すると、結局その長期的な損害を被るのは、たとえば医療では患者であり、航空産業ではその乗客であるということ、つまりそれによって可能であったはずの学習が阻害され、その失敗の意味が再帰的に還元されないからである[21]。

以上のことを、学童保育で言えば、日々の育成支援の中では、他の指導員の子どもへのかかわり方などを模倣するような時間空間的な余裕はほとんどなく、また、遊びや生活の場面でも、なるべく失敗しないように、見通しをもって指導がなされることになります。それは、失敗が命にかかわる深刻な事態をもたらす可能性もあるため、致し方ないことのようにも感じられます。しかし、指導員の熟達において失敗の経験は不可欠であり、そのような機会が得られないまま、適切な熟達化のプロセスを歩むことが出来ない指導員が増えることは、後々、学童保育所における大きな損害（より多くの怪我や育成支援上のトラブル）をもたらす可能性があると考えられます。さらに、そのような環境においては、子ども自身も失敗から学ぶことが出来ず、学童保育におけ る遊びと生活を通して育ち合うことができません。学童保育における「学習の実験的領域」を確保するということ、つまり、第1節であげた「失敗と挑戦」を経験する機会を確保することこそ、指導員としての熟達に欠かせない要件であるといえるでしょう。

（3）組織社会化とアンラーニング

本節において「学童の指導員になる」という指導員の成長を捉える視点として、いま一つ着目したいのは「社会化」の側面です。社会化とは、「役割に基づいた相互行為において自他の相互的な期待を新たにつくり上げ、当該相互行為を円滑に進めるための『学習』のこと」です。[22] もう

(20) 福島（2010b）前掲書、pp.106-107
(21) 福島（2010b）前掲書、pp.107-108
(22) 花野裕康（2010）「社会化と社会統制―パーソンズ」日本社会学会社会学事典刊行委員会編『社会学事典』丸善出版、p.90

少し平たい言い方をすれば、「個人が自分の所属する社会のメンバーとしてふさわしい態度を身につけていく学習過程のこと」を言います[23]。人は、入学や就職などの節目で新たな社会化の機会を得るのであり、このことは学童保育の指導員になることにおいても例外ではないと考えます。

なお、教師を対象とした社会化研究を見ると、「教職に適応していくことと、学校組織に適応していくことは異なる性格を持っている可能性がある」と指摘されています[24]。また、「社会化」についても、その対象は「職業」である場合と「組織」である場合とに分けられます。表2は、高橋弘司による分類の整理[25]をまとめたものです。

表2　職業的社会化と組織社会化の違い

対象	定義
職業的社会化	人々がある職業につき退職するまでのプロセス、及びその職業の担い手に期待されている職務遂行能力や態度、職業倫理、職業観などが習得される過程[26]
組織社会化	組織への参入者が組織の一員となるために、組織の規範・価値・行動様式を受け入れ、職務遂行に必要な技能を習得し、組織に適応していく過程

また、これらの違いについて高橋は次のように説明し（傍線は筆者）、職業的社会化と組織社会化の関係を図2のように示しています。

個人は、職業的社会化を達成するために必ずしも何らかの組織に属している必要はない（例：ある種の伝統的職人）。同様に、組織社会化を達成した者が必然的に職業的社会化を達成しているという保証もない。したがって、両概念を同一のものとして扱うことは望ましくない。(27)

組織社会化には「職業的側面」と「組織的側面」が併存しているため、高橋弘司は、このことを「技能的側面」と「文化的側面」と呼び区別しました。前者は、組織の中で達成される技能形成の側面を指し、後者は、組織における個人の文化受容の側面を指しています。「技能的側面は、組織での職務遂行と関係が深く、文化的側面は組織の規範・規則・制度・人間関係と密接な関係がある」と言います。(28)

(23) 古市憲寿（２０１２）「社会化」見田宗介（編集顧問）・大澤真幸・吉見俊哉・鷲田清一編『現代社会学事典』弘文堂、p.565
(24) 町支大祐（２０１５）「学校への新規参入と適応―組織社会化」中原淳（監修）・脇本健弘・町支大祐『教師の学びを科学する―データから見える若手の育成と熟達のモデル』北大路書房、p.81
(25) 高橋弘司（１９９３）「組織社会化研究をめぐる諸問題―研究レビュー―」『経営行動科学』第8巻第1号、p.2
(26) 日本教育社会学会（１９８６）『新教育社会学辞典』東洋館出版社
(27) 高橋（１９９３）前掲書、pp.2-4 傍線部は筆者による。
(28) 同上、p.5
(29) 同上、p.4 図1の一部を改変。

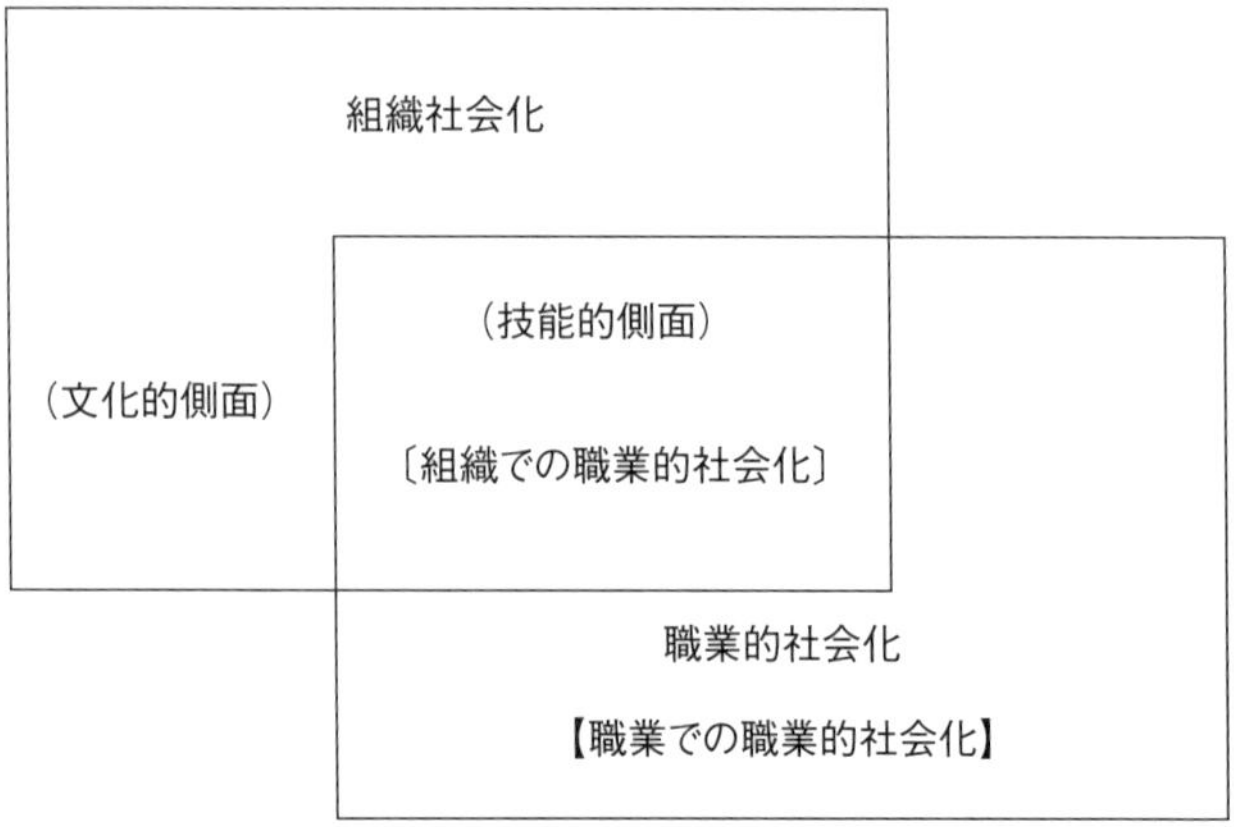

図２　職業的社会化と組織社会化の概念の関係性[(29)]

職業としての専門性の議論が道半ばである学童保育指導員に照らしてみると、職業的社会化を達成するためには、必ずどこかの学童保育所（組織）に属している必要があり、その意味で、高橋弘司の例示した「伝統的職人」とは異なると言えるでしょう。それゆえ、「学童の指導員になる」ということは、外部とのかかわりがない指導員にとっては、ある固有の学童保育所において、そこに由来する文化や規範、行動様式などを内面化し、その学童保育所の一員として適応していくことと同義であると言えます。つまり、多くの指導員は、その学童保育所内でのルールや人間関係から大きな影響を受けるということです。

また、学童保育においては、長くその学童保育所に所属し、他の指導員よりも圧倒的に経験年数を有する指導員が「ベテラン指導員」と称されることがあります。組織社会化の側面が強い学童保育においては、このようなベテラン指導員の影響を強く受けることになりますが、ここで注意をしなければいけないのは、髙橋弘司が指摘するように、「組織社会化を達成した者が必然的に職業的社会化を達成している保証もない」ということです。すなわち、長く勤めているからといって必ずしも「その職業の担い手に期待されている職務遂行能力や態度、職業倫理、職業観など」が適切に取得されているとは限りません。このことは、「学童の指導員になる」ということを理解するうえで、非常に重要な指摘であると言えます。

したがって、これから指導員を目指す方は、組織社会化を果たすとともに、学童保育所内における閉じた関係から異なる環境へと飛び出し、さまざまな経験を通して、指導員として熟達することが必要です。そして、熟達のプロセスで得られた経験から、所属する学童保育所における子どもとのかかわりやその背景にある子ども観などを見直していくことができるならば、指導員として「職業的社会化」を果たすことも可能でしょう。

では、一定の組織社会化を果たした「ベテラン指導員」にはどのようなことが求められるのでしょうか。それは、「アンラーニング（学びほぐし）」という視点です。松尾睦は、「あるレベルまで熟達した後の学習課題は、時代に合わなくなった知識やスキルを捨てつつ、新しい知識・スキルを取り込む」ことだと指摘しています[30]。なお、アンラーニングとは、意図的に知識・スキルを「使用停止」にするのであり、「消去する」ことではありません[31]。

また、上述の経験学習のモデルとかかわらせて考えると、アンラーニングと関係が深いのは「教訓を引き出す」という段階だと言えます。例えば、過去の教訓に固執している場合、それは十分なアンラーニングがなされていない状況であると考えられます。なぜなら、この段階でアンラーニングをするということは、新たな教訓を引き出し、これまで形成してきた信念やルーティンをアップデートするということだからです。ベテラン指導員という立場にいる方が、このようなアップデート型の学習をすることができなければ、その学童保育所は「昔のヒーロー」が率いる集団になってしまいます。しかし、もし、積極的にアップデート型の学習をすることができたならば、チームとしてのアンラーニングも活性化すると考えられます。

このように、「学童の指導員になる」ということは、組織社会化を通して、ある固有の学童保育所の指導員としてのルールや規範、価値基準を内面化していくことだと考えられます。しかし、その際、学童保育所内の指導員が知識やスキルのアップデートを行っていないと、「学童の指導員になる」ということは、単に固定化した学童保育所の価値基準を強要することになりかねません。そのため、ある指導員が「学童の指導員になる」ためには、それまでに「学童の指導員」になった指導員たちによるアンラーニングが不可欠です。そして、このような流動的な学童保育の価値基準に適応し、自らもアンラーニングする主体になることが求められます。

(30) 松尾睦（2021）『仕事のアンラーニング—働き方を学びほぐす』同文舘出版、p. iii
(31) 同上、p.14

3　子どもと〈ともに居続ける〉指導員になろう
――「生活づくり」の共生論――

（1）学童保育実践において〈ともに居続ける〉指導員

以上のように、田中さんの実践記録をもとに、指導員が成長するために必要な経験やその経験から学ぶためにどのようなことを意識したらよいのかについて、いくつかの観点を示してきました。またその際、学童保育所という場に立ち入り、そこで、さまざまな子どもや大人と〈ともに居続ける〉ことで成長することを「学童の指導員になる」プロセスと捉えてきました。

ここで再度確認したいのは、前節の最後に触れた「組織社会化」という視点です。組織社会化とは、指導員（参入者）と指導員集団（組織）との関係に限定した社会化として捉えていました。しかし、学童保育において、新たな参入者が社会化を求められるのは、指導員集団のみでしょうか。もちろん、指導員集団の規範・価値・行動様式を受け入れ、職務遂行に必要な技能を習得し、その組織に適応していくことは必要なことです。しかし、田中さんの実践記録を思い出してみると、実際に指導員が新たに参入していたのは、指導員集団というよりも、学童保育実践における子どもと大人の生活集団だったのではないでしょうか。つまり、指導員にとっての組織社会化とは、実質的には、ある学童保育所という子どもと大人による生活集団へ参入する指導員が、その学童保育の一員となるために、学童保育所の規範・価値・行動様式を受け入れ、そこで〈ともに居続ける〉ために必要な技能を習得し、適応していくプロセスを指しているのです。

学童保育実践において〈ともに居続ける〉ことが可能になるということは、学童保育所における組織社会化がなされ、子どもとの関係においても、パターナリスティックにかかわるだけではなく、これまでの経験を生かしながら新たな事態に柔軟に対応できるような「適応的熟達者」としての指導員へと成長している段階を示しています。このような段階に至る指導員は、日々の遊びや生活における子どもたちの〈今〉に向き合い続けることを通して、子どもとの間に〈われわれ〉という一人称複数の関係をつくり出すことが可能であると考えます。本節では、これまでの指導員の学びや成長という文脈の先に、多様な子どもや指導員と〈ともに居続ける〉ことができる「学童の指導員」という存在があると仮定し、学童保育実践における共生について若干の試論を展開したいと思います[32]。

(2) 学童保育実践における〈教育〉の論理と〈無為〉の論理

そもそも、学童保育実践とはどのようなものでしょうか。学童保育実践とは「保育実践と学童保育実践（組織運営、制度・政策をめぐる運動）という二つの実践を、指導員を中核にしてつなぐ実践の総体」のことを指します[33]。とりわけ、保育実践については、それが実践である以上、「何かを獲得させたいという、きわめて自覚的で意図的で、人間的な価値を目指す営み」だと言えます[34]。そのため、学童保育実践を担う指導員は、子どもに意図的な働きかけを行う主体であると考えられます。

学童保育実践に深くかかわり、全国学童保育連絡協議会会長をつとめた大塚達男は、このような指導員の特徴を以下のように説明しています。

指導員は誰もが、子どものためを思って毎日の仕事をすすめています。「その日ぐらし」でよいとも「考えなし」でよいとも思ってはいないでしょう。子どもに思いをよせて、子どもを見たり、考えたり、子どもの動きや表情に心をとめて、ほめたり、はげましたり、たしなめたりと、働きかけを工夫しているのです。そして、さらに、「こんなことをさせてみたい」と考えたり、「こうした活動にとりくませたい」と思ったりして、仕事をすすめているので

(32) 第3節の内容は、『日本教育行政学会年報』第48号における年報フォーラム「構造的危機の時代と教育行政学研究」に寄稿した論文「子どもの放課後支援における〈教育〉と〈無為〉の位相―共生としての学童保育実践から」を基に、本書の趣旨に沿って修正・追記したものです。

(33) 鈴木瞬（2021）「学童保育研究の軌跡と課題―学童保育実践の理論化と学童保育研究の再帰性―」日本学童保育学会編『学童保育研究の課題と展望―日本学童保育学会設立10周年記念誌』明誠書林、p.291

(34) 高浜介二（1993）「学童保育実践の構造と指導員」大阪保育研究所編『学童保育の生活と指導』一声社、p.245

はないでしょうか。[35]

この説明からは、学童保育関係者においては、法制化以前より指導員が子どもに寄り添い意図的な働きかけを行う存在だと認識されてきたことが読み取れます。ですが一方で、学童保育関係者以外からは、「ただ『いる』とか、ただ『寄り添う』といった評価されない時空間」として「学校の中に学童保育的な空間・時間」を埋め込めないか……というように、学童保育のケア的・福祉的な空間や機能のみを強調する見方もあります。[36] もちろん、学童保育実践にそのような側面がないわけではありません。これまでも、学童保育における福祉的機能は「権利に基づいて対象を保護する機能」であり、ケア的機能は「共感性に基づいて対象との共感的な関係性を作り出す機能」として捉えられてきました。[37] しかし、学童保育実践では、これらに加えて「発達に基づいて対象の資質・能力を引き出す」教育的機能があります。[38] これらの複数の機能が「複合的・総合的に発揮される」という視点を持つことが必要です。[39]

このように、児童福祉領域に位置づく学童保育実践は、その実践を担う指導員と子どもとの関係において〈教育〉の論理と〈無為〉の論理が接する場であると考えられます。[40] なお、ここでいう〈教育〉とは、〈主体化された者／未だされてない者〉という区別のもと、後者から前者への変容を要請する形式的な意味論のことです。これに対して、〈無為〉の論理とは、存在を、より良い存在になるという条件抜きで、そのまま肯定する意味論のことを言います。近年、本来であれば〈無為〉の論理を前提とする社会保障の領域に〈教育〉の論理が侵食するような問題が生じていますが、とりわけ、生存権に関しては、〈教育〉の論理を介することなく、それそのものの重要性から擁護される必要があると指摘されています[41]。放課後の子どもの遊びと生活を保障する学童保育においても、何よりも〈無為〉の論理を実装化することが求められます。なお、〈無為〉の論理を実装化する際には、〈ケア〉という実践的領域を確保することが目指されるのですが[42]、学童保育実践においては、上述の通り、指導員の指導意図として〈教育〉の論理が働いているこ

(35) 大塚達男（1986）『学童保育と子どもの成長―生活づくりの視点―』一声社、p.103
(36) 仁平典宏（2014）「再生産レジームと教育の位置―公教育の外側から」広田照幸・宮寺晃夫編『教育システムと社会―その理論的検討』世織書房、p.122
(37) 中山芳一（2009）「学童保育指導員の実践場面におけるケア・福祉・教育の機能の関連性」『子ども家庭福祉学』第9号、p.80
(38) 同上
(39) 住野好久（2012）「学童保育における教育的機能の特徴」日本学童保育学会編『現代日本の学童保育』旬報社、p164
(40) 仁平典宏（2018）「〈教育〉の論理・〈無為〉の論理―生成時の変容の中で―」『中国四国教育学会 教育学研究ジャーナル』第22号、pp.43-49
(41) 山口毅・堤孝晃（2014）「教育と生存権の境界問題」広田照幸・宮寺晃夫編『教育システムと社会―その理論的検討』世織書房、pp.208-226
(42) 仁平（2018）前掲

とを無視できないため、ここに、〈教育〉と〈ケア〉の接続の可能性を検討しなければなりません。

そこで本節では、1980〜1990年代における「生活づくり」に着目し、二宮衆一による整理[43]を参考にしつつ、指導員と子どもを主体—主体関係で捉える指導論が「居場所づくり」の実践との関連で生じてきたこと。その際、指導員と子どもとの関係を「ともに生活の共同構成者としてとらえること」[44]が意識されてきたことを確認し、「生活づくり」における共生論の展開を整理したいと思います。このような学童保育実践における共生論の検討は、どのような「学童の指導員になる」ことが目指されるべきなのかという当為論であり、田中さんの実践記録の今後を予測しうるものです。

(3) 目的的行為としての指導と〈ケア〉という関係性への意識

「生活づくり」とは、「学童保育の発生以来、今日まで、学童保育を真に子どもたちのものとするために追求されてきた」実践論を指します。[45] 二宮衆一によれば、指導論として「生活づくり」が意識的に展開されたのは1980年代に入ってからです。1970年代には、子どものあるべき「生活」の姿を構想し、それを学童保育に取り入れることで子どもの生活を保障しようとしていたのに対して、1980年代には、学童保育に通っている子どもを生活の主体とみなし、「主体者である子どもたち自身が生活を創りあげていくこと、これを保育実践の核に据える」実践が展開されてきました[46]。

この時期の実践論として注目すべきは、「生活の組織化」という概念です[47]。高浜介二は、指導員と子どもとの関係を「教育関係」として位置づけ、相互の「主体的努力」によって成り立つ関係性にもとづく指導を「生活の組織化」と呼びました。「生活の組織化」において発揮される指導とは、「子どもたちの成長・発達にふさわしい課題を含むさまざまな生活活動を保育内容として提案すると同時に、子どもたちの欲求や願いを組織化することで、そうした活動に対する主体的な参加を子どもたちから引き出すこと」です[48]。このように、１９８０年代の「生活づくり」では、子どもの主体性を尊重しつつも、明確な目的的行為としての指導が意識されていたと言えます。

一方、１９９０年代になると、指導員の実践経験の中から「ありのままの自分を受け入れてくれる他者との関係性を回復していく課題」が「居場所づくり」として提起されました[49]。ここでは、

(43) 二宮衆一（２０１２）「学童保育実践の特質とその構造―『生活づくり』の歴史的変遷をたどりながら」日本学童保育学会編『現代日本の学童保育』旬報社、pp.169-195
(44) 久田敏彦（１９９３）「教育的関係の成立と指導概念」大阪保育研究所編『学童保育の生活と指導』一声社、p.58
(45) 大塚（１９８６）前掲書、p.80
(46) 二宮（２０１２）前掲書、p.179
(47) 高浜介二（１９８３）「子ども集団の組織論」大阪保育研究所『燃える放課後―学童保育の実践』あゆみ出版、pp.194-238
(48) 二宮（２０１２）前掲書、p.181
(49) 同上、p.183

「たとえ否定的・問題的な行動や言動を子どもたちが示そうとも、指導員はそのなかに人間的な交わりを求める欲求を見出し、それを共感的に受けとめる」ことで「人間性の回復という子どもたちの生活を支える土台部分の保障」が目指されました。[50] このような動向と並行して、早い段階に「居場所づくり」の視点から学童保育実践の課題を捉え直したのが久田敏彦でした。[51] 久田敏彦は、指導員と子どもとの関係を主体―客体関係による目的合理的行為から、主体―主体関係によるコミュニケーション的行為へと転換することを提起しました。また、その実践上の機能として、「共同的な生活の『場』、連帯をとおした『居場所』の形成という局面」に着目し、「あてにされたり、認められたり、支えられたり、励まされたりする場合にはじめて『居場所』を実感できる」と主張しました。[52]

また、「居場所づくり」の実践は、その後、指導員と子どもとの関係における〈ケア〉論として展開されました。学童保育実践における〈ケア〉論の特徴は、それが技術的な行為の視点にとどまるものではなく、ケアする者とされる者との関係性の視点から捉えられてきたところにあります。例えば、船越勝は、競争的な学校制度などに代表される「構造的暴力」に晒され傷ついている子どもたちに対して、指導員が「ケアと応答の関係」を切り結ぶことの必要性を指摘しました。[53] ここでは、何よりもまず、指導員が傷つけられた子どもたちをケアすることによってその子どもの応答を引き出すこと。また、指導員は、子どもたちの行動がたとえ否定的な行動であったとしても、排除や抑圧をしたり、あるいは無視したりするのではなく、人間として応答し続けることで、その子どもを〈ケア〉することになるのだといいます。さらに、「ケアと応答の関係」を切り結び続けることで、他の子どもたちにも、そのような働きかけがロールモデルとなり、子ども集団の中に、自主的・自治的な「ケアと応答し合う関係」を生み出していくことになると主張しました。

本書の共同執筆者である中山先生も、学童保育実践における〈ケア〉の視点にいち早く着目した一人です。中山先生は、関係性として〈ケア〉に着目し指導員の専門性を検討するなかで、指導員と子どもは「共に」過ごす主体者であり、学童保育実践は、お互いの合意・納得を図っていく共同の営みであることを指摘しました[54]。共同の営みである学童保育実践では、しばしば「指導者と子どもの立場を原理的に問うこと」が必要になり、「その意味でともに生活の共同構成者と

(50) 同上、p.186
(51) 久田敏彦（1993）前掲書、pp.51-69
(52) 同上、pp.59-60
(53) 船越勝（2005）「いま求められる学童保育実践の課題―『ケアと応答の関係』のなかで、つながりを回復する―」『学童保育研究』第6号、pp.116-124
(54) 中山芳一（2008）「いまこそ学童保育に『ケア』のつながりを―ケアワーカーとしての学童保育指導員の専門性―」『学童保育研究』第9号、pp.155-165
(55) 久田（1993）前掲書、p.58

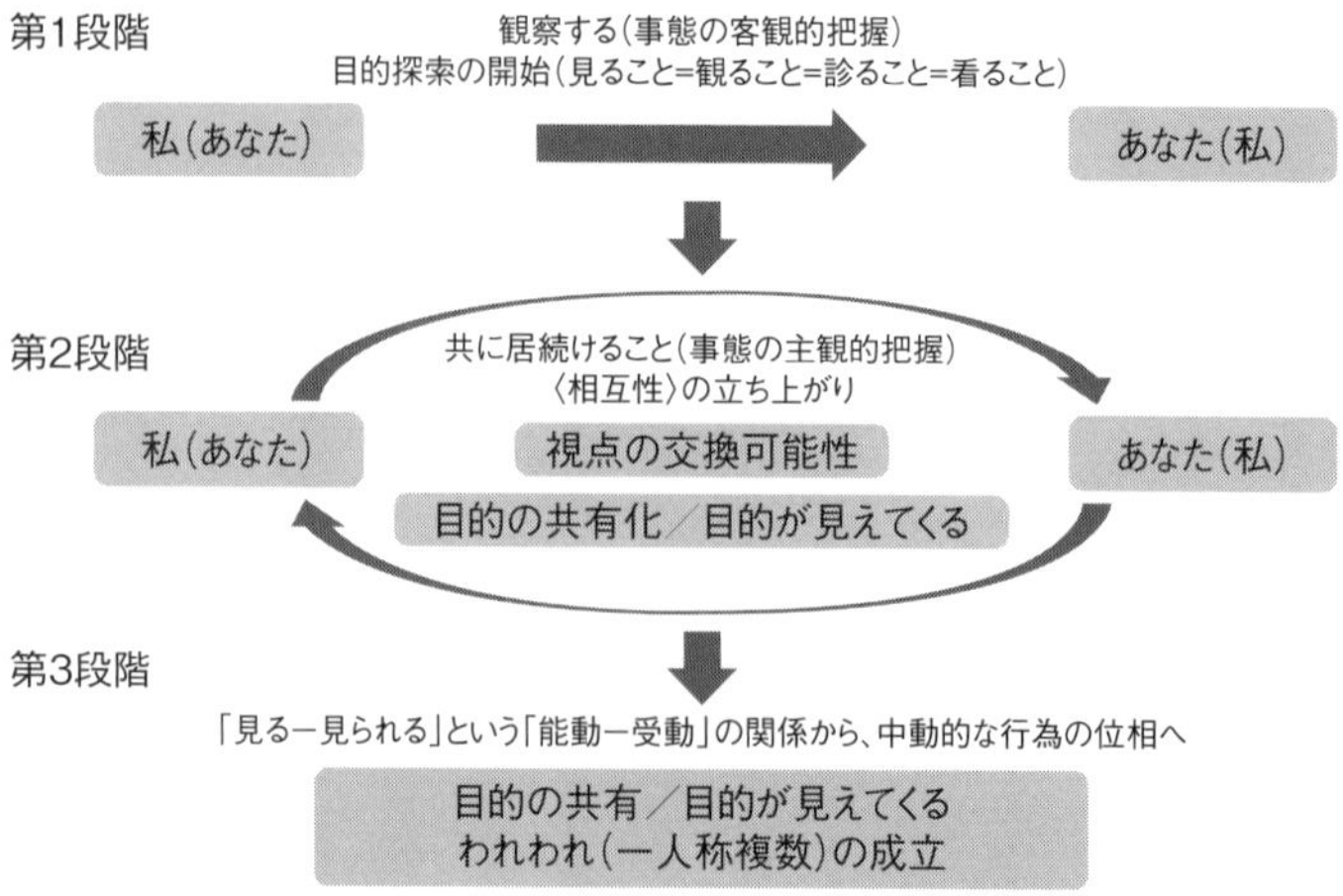

図５　教育と〈ケア〉の接続における〈われわれ〉の成立[57]

してとらえること」を要請することになります。[55]

このように、「居場所づくり」の実践が展開されるなかで、〈ともに居続ける〉ことが「生活づくり」において志向されてきたことは、矢野博史による目的的行為と〈ケア〉の接続を生み出す教育的関係の議論と重なります。[56] ここでは、少しばかり、教育と〈ケア〉の接続に関するモデルを確認してみましょう。

矢野博史は、看護行為をもとに、目的的行為と〈ケア〉の接続を生み出す教育的関係について、「ケアの規範化／パターナリスティックなケア」を回避するモデルを提示しています。このモデルでは、まず〈ケア〉する者とされる者が出会い、前者が「未来の先取り」を停止し、〈今〉に定位しながら後者を観察することからはじまります【第1段階】。その際、先を急がず〈ともに居続ける〉

中で、じっくりと観察を続けることによって、お互いの視点を交換する可能性が生じ【第２段階】、その結果、両者の間に〈われわれ〉という一人称複数の視点と目的が共有される関係性が構築されるのだと言います【第３段階】。

では、このモデルを「生活づくり」の議論に照らしてみるとどうでしょう。例えば、「生活の組織化」では、その当時、「指導員の意に沿う限りでの主体性」のみを認め、「つねに指導員の側から一方向的に子どもに向かう『閉じた』指導になりやすい」ことが指摘されていました[58]。これは、「生活の組織化」における意図的働きかけにおいて「未来の先取り」を停止することができておらず、多角的な観察によって把握された子どもの事実にもとづく指導になっていなかったということだと考えられます。

また、指導員が「ともに生活の共同構成者」になるためには、〈ともに居続ける〉中で、「子どもの多様な応答・要求に応じて指導の目的や内容をも指導員みずからが問い直しながら子どもに働きかけることが求められる」のであり[59]、そのことを通して、〈われわれ〉という関係が構築さ

(56) 矢野（２０１９）前掲
(57) 同上、p.136 図１をもとに著者が改変。
(58) 久田敏彦（２００２）「学童保育における指導員の指導性―関係行為としての教育実践の視点から―」『学童保育研究』第３号、p.107
(59) 同上、p.108

れます。そのため、ここで求められる指導のあり様は、「かれらの成長・発達の土台にある生活世界そのものを更新していく課題を追求していくなかで」[60]、指導員自身もその更新を共にし、「生活・文化を知性的につくりあげる」[61]ことになります。このことは、学童保育実践において、指導員自身が日々の遊びや生活における〈今〉に定位し続けることを通して、子どもとの間に〈われわれ〉という一人称複数の関係を生成し、更新していく目的を共有していくことが「生活づくり」の到達点であることを示しています。

一方、このような関係は「実践のはじめからすでにあるものではなく、生成していくもの」です[62]。そのため、子どもたちが主体的に学童保育の生活を創っていくためには、「自由と共同、権利と責任の関係を教えていくという実践課題」に向き合わなければなりません[63]。また、「子どもの要求主体としての意見表明や参加の権利の使い方を、そして指導員と共同すること自体を指導すること」も必要です[64]。これらの指導は、共有された目的に沿って柔軟に設定されます。

(60) 照本祥敬(2002)「学童保育実践における生活と指導の位相」『学童保育研究』第3号、p.16
(61) 久田(1993)前掲書、p.59
(62) 同上、p.60
(63) 船越(2005)前掲書、p.123
(64) 久田(2002)前掲書、p.108

4 〈ともに居続ける〉学童保育実践の記録

(1) 実践記録の特徴：「ごく普通」の子どもに寄り添う指導員の実践

では、「共にそこにいられる場」としての学童保育の相互主体的な関係とは、学童保育実践においてどのように見られるのでしょうか。以下では、筆者が住んでいる石川県における学童保育実践の記録をもとに、〈ともに居続ける〉実践における意図的働きかけと〈ケア〉の接続の実態を捉えることを試みます。

学童保育では、その実践の発展とともに、多くの実践記録が残されてきました。そこには多様な背景を有する子どもとのかかわりを通して、指導員が悩み、葛藤し、時には後悔しながらも子どもや保護者にどのように働きかけてきたのかが記録されています。本節では、1975年に石川県内の三か所の学童保育所の指導員たちが「自分たちの勉強の場として、お互いの悩みを語り合う場として発足した指導員会」[65]が20年目に編集した実践記録集『おかえりぃ』に掲載されてい

(65) 細川幸恵（1994）「創刊にあたって」石川県学童保育指導員会『おかえりぃ』創刊号、p.I

る竹中さんによる「真とありんこクラブ」という実践記録（以下、〔竹中実践〕）を取りあげます。〔竹中実践〕は、長期間に渡る指導員と子どもとのかかわりを描き出したものであり、〈ともに居続ける〉実践としての学童保育を考えるうえで重要な知見を提起しています。以下、〔竹中実践〕における記述をもとに、実践記録の分析を行います。なお、〔竹中実践〕における記述を引用する際には、逐一、頁数は記載せず、引用個所を〔　〕で表記します。

ちなみに、〔竹中実践〕を取り上げる理由ですが、それは、〔竹中実践〕で描かれている真（まこと）が〔ごく普通のひとりの男の子〕だということです。近年の実践記録は、何らかの困難さがある子どもを対象としやすい傾向があります。それは、実践記録の作成において、まず気になる子どものケース検討を行い、これを踏まえて実践記録を作成し、事例検討会を実施するという自主的・自発的研修の過程を経ることが多いためであると考えられます。確かに、学童保育においてこのような子どもと関わるケースは増加しており、実践記録にもとづく事例検討の必要性は高いと言えます。とはいえ、学童保育で生活する子どもの多くは〔ごく普通〕の子どもです。本節では、このような〔ごく普通〕の子どもとの関係に、指導員による指導と〈ケア〉のあり様を読み取りたいと思います。

（2）「不安定な状態」に寄り添い、見守り続ける指導員

とはいえ、実践記録を読むと、竹中さんが〔ごく普通〕と捉える真とのかかわりの中にはさまざまなエピソードがあることがわかります。例えば、真は〔兄弟が学童そだちではないので、なんで自分ばかりが窮屈な学童の生活を強いられるのかと、一年生の間はそのことがずっと潜在的な不満としてくすぶっていた〕ためか、〔学童を無断欠席無断外出することが何度か〕あったようです。その都度、母親と協力しながら解決していったものの、〔しばらくするとまたサボってしまうということの繰り返し〕だったと書かれています。

〔竹中実践〕に添付された真の生活ノートには、「ぼくは、四年前の春、お母さんに、手をひかれてありんこに来た。―なぜ、ここにきたのか―入る前、わからなかった。お母さんに聞いてやっと分かった。それはお父さんもお母さんも昼間いないからだ。」と入所時の真の心境が記されています。つまり、この時期、真にとって学童保育は安心して過ごせる生活の場となっていなかったようです。そのため、指導員らは〔一日も早く学童の生活に慣れてほしい〕と焦りはしたものの、〔「どの一年生も、ありんこに慣れて自分の居場所を見つけるのに一年間はかかる。気長に、段々と働きかけよう。」〕を父母と指導員の合い言葉に、まず、友だち関係を大切にし見守って行くこと〕を心がけました。これにより、〔一年間は不安定な状態〕が続きましたが、二年生にな

ると〔友達とのたくさんの付き合いをバネに、徐々に学童の生活を自分のものにすることできるようになり、…（中略）…新一年生たちを毎日のように田んぼの虫取りに誘う〕ようになるなど、〔活発で健康的な行動〕が目立つようになったと書かれています。ですが一方で、〔指導員や仲間の真剣な話を茶化したりふざけて聞くようになり、きちんとした面がなくなってきている〕など、新たな問題も認識されていました。

また、二年生の〔夏に兄が病気になり、治療のため東京の病院に入院すること〕になり、〔母親が付き添いで東京に行くことになった〕ため、〔真は、父と姉との三人生活を送ること〕になりました。そのため、指導員らは、〔毎日安心して学童に来れるように〕、〔ふざけてもあまりうるさく注意しない〕ことを意識していました。その結果、〔真のふざけん坊ぶりは、その後もひとつのスタイルとして定着し、ますます磨きがかかって〕いったと言います。

以上のような真について、〔真面目に話しているときにふざけられて、何度か腹を立てたこともあり〕、〔そんな真をあきれて見ていた〕というように、真の行動をありのまま受け入れることは容易ではなかったようです。しかし、竹中さんは、この時の真の状況を〔学童では安心してふざけられ、みんなが笑ってくれるという、ある種の居心地の良さを得たよう〕だと、肯定的に捉えていました。ここに、矢野博史による【第1段階】の〈私〉と〈あなた〉との関係が確認できます。[66]それは、竹中さんが、真の思いを直観的に看守可能であると見做し、すぐに「未来の先取り」

につなげようとするのではなく、真との〈距離〉を容易に埋めえないものと捉えたうえで、保護者とともに〈今〉に定位し続けようとした〔その子の成長に寄り添う〕関係であったと言えます。

(3)「個別的な関係性」を超える〈ともに居続ける〉学童保育の実践

矢野博史による【第2段階】では、〈ともに居続ける〉ことによって生まれた信頼を通じて〈私〉と〈あなた〉の視点を交換する可能性が示されていました。〔竹中実践〕においても、4年間の実践の中で〈ともに居続ける〉ことにより、指導員と真や、真と他の子どもたちとの間でお互いの視点が交換され、その先に、〈われわれ〉という一人称複数の関係が生じていたと考えられます【第3段階】。このことを捉えるうえで参照したいのが、次の記述です。

三年生になった真は、リーダーとして、学童の生活を実質的に支えるようになりました。相変わらずふざけることが多く、私たちはいらいらさせられましたが、やがてその中に真の本心や素直な感じ方が表されていることに気がつきました。終了間際の反省会の時に、真はいつも一番前に座ります。そして、私たちのことば尻をつかまえて、茶化すことがよくありました。それは、いま考えてみると、私たちの話を真らしさで、誰よりも理解しようとする態

(66) 矢野(2019)前掲

度だったとわかります。絵本の読み聞かせのときには、熱が入ると主人公になりきって、みんなの前でストーリーに合わせたパントマイムをやって見せました。子どもたちの心を読み聞かせよりも自分の方に引きつけてしまい、その世界を他の子と共有する、そんな楽しみ方をしていたようです(67)。

三年生になり学童保育の〔リーダー〕となった真に対して、竹中さんは、相変わらず〔いらいらさせられ〕ていましたが、〈ともに居続ける〉ことによって、徐々に〔ふざけること〕の中に〔真の本心や素直な感じ方が表されていること〕に気づくようになったといいます。必ずしも真との「距離」が縮まったわけではないでしょうが、その「距離」を近づけようとする〈ケア〉によって、竹中さんと真との間に「相互性」が立ち上がり、真の視点から彼の行動を捉えることが可能になったのだと推察します。そのため、竹中さんは、〔話を聞くときにはきちんと話し手の顔を見て、静かに耳を澄ませるという、大人が求めがちな態度とはほど遠いもの〕であるが、〔しかし、そのエネルギッシュでサービス精神あふれる行動と楽しみ方の中に、子どもたちも、私も、真の持つ素直さを感じとり、彼の本心に触れられた〕と、真の行動を相対化して捉えています。

なお、竹中さんが〔彼の本心〕と表現したものは、〔真のゆれ動く心〕です。〔その真意を見つけることが、彼らしい成長を知ることになる〕とする竹中さんは、真自身や周囲の子どもたちにも、その変容を読み取っています。例えば、竹中さんと真による「相互性」は、真自身の行動において〔ふざけるタイミングやまじめにしなければいけないけじめ〕への気づき・使い分けとして表出しています。また、〔ふざけながらも話のポイントはきちんとつかみ、みんなの気持ちをまとめ上げていく手腕〕など、〔真のスタイル〕を発揮していくことが、〈われわれ〉の関係において共有された目的となっています。

しかし、ここでより興味深いのは、以上のことが、竹中さんと真との関係に閉じたものではなく、〔こうした態度が、神経質な真の照れ隠しの行為だということが、子どもたちにも私たちにもわかって〕くることで、〔彼のパフォーマンスを楽しむ余裕ができ〕たというように、周囲の子どもたちにも共有されていたことです。瀬戸麗は、学習支援教室の事例を教育と〈ケア〉の接続として捉えようとした研究において、個別的な関係性にもとづかない学習では、支援者と子どもとの間に〈ケア〉の関係が成立しにくくなることを指摘しています[68]。しかし、〔竹中実践〕では、指導員と子どもとの〈ケア〉にもとづく教育的関係によって生じた〈われわれ〉という関係や目的の共有は、周囲の子どもたちを巻き込みながら生じるものでした。住野好久は、学童保

(67) 竹中久美子（1994）「真とありんこクラブ」石川県学童保育指導員会『おかえりぃ』創刊号、pp.192-193
(68) 瀬戸麗（2021）「学習と居場所のジレンマを超える教育的関係―外国にルーツをもつ子どもの学習支援教室の事例から―」『教育学研究』第88巻第4号、pp.128-139

育における教育的機能について、「共同的な遊びや生活の中で、ケアの機能と結びついて社会性や自治的能力を含めた人間的で全体的な発達を支援する教育的機能が発揮されることで子どもたちはエンパワーメントされていく」と指摘しています[69]。つまり、学童保育における〈ケア〉にもとづく教育的関係は、個別的な関係性によって成立するのではなく、むしろ集団性や全体性のなかで成立していく可能性が、〔竹中実践〕から確認できるということです。

(4)「学童の指導員」に求められるふるまい：中動態、ジェネレーターシップ

以上、「生活の組織化」と「居場所づくり」の二つの視点から構築されてきた「生活づくり」において、指導員による子どもへのかかわりが目的的行為としての指導と〈ケア〉の関係として確立してくるなかで、「共にそこにいられる場」としての学童保育実践における相互主体的な関係のあり様を、実践記録の分析を通じて論じてきました。ここで示されたのは、子どもたちのありのままを肯定する〈ケア〉を前提としたうえで、〈ともに居続ける〉場における意図的な働きかけと更新による共生教育の実践です。これは、学童保育における「集団形成の原理[70]」に根差し、生活世界そのものの更新によってなされるものであり、これまでの学童保育における実践論の延長線上に位置づくものです。

なお、共生という概念においては、必ずしも「よい」「好ましい」関係が生じたりするわけではありませんし、「そうした関係が恒常的に〝保障〟されることとなる、というようなものでは

全くない」のであり、そこには、常にせめぎあう関係が想定されています。[71]　学童保育においても、たびたび、利害の対立や排除の関係が生じ得ます。松田洋介は、こうした集団形成原理のもとでは、価値対立をめぐる子ども同士のトラブルが頻発するものの、その回避や解決は容易ではないため、子どもたち自身で何とか和解し、「共生の作法」を模索し、蓄積・継承されるような学童保育の文化が形成されていくと指摘しています。[72]

本章では、指導員もまたこのような集団形成原理に身を置く存在であると捉えてきました。「学童の指導員になる」ということは、そのような場において子どもと〈ともに居続ける〉ことが出来る存在になるということであり、その時、場を共にする子どもや指導員との間に〈われわれ〉という意識が共有されるということでした。

では、〈われわれ〉意識が共有されるとはどういうことだったのでしょうか。例えば、〈竹中実践〉では、真ならではのスタイルを指導員が認める中で、ふざけながらも話のポイントはきちんとつかみ、みんなの気持ちをまとめ上げていくようなところに、〈ともに居続ける〉ための〈わ

(69) 住野好久（2021）「学童保育と学校教育の現在と未来」日本学童保育学会編『学童保育研究の課題と展望―日本学童保育学会設立10周年記念誌』明誠書林、p.38
(70) 松田（2018）前掲書、p.38
(71) 斎藤寛（1988）「せめぎあう共生―〈分けない＝くくらない〉ということ―」岡村達雄編『現代の教育理論』社会評論社、p.348
(72) 松田（2018）前掲

れわれ〉意識が共有されている姿を読み取れます。目的的行為と〈ケア〉の接続モデル（図5）では、このような段階が「見る—見られる」という「能動—受動」の関係から中動的な行為の位相への変化として示されています。なお、ここで登場する中動態という考え方は、学童保育における共生論を理解するうえで重要な概念ですので、國分功一郎の説明に沿って、もう少しだけ掘り下げてみましょう。

私たちは、学校で英文法を習うとき「能動態」と「受動態」という区別の仕方をあたり前のものとして身につけてきました。細かく言えばもっといろいろな文法がありますが、それゆえ、「能動—受動」という区別が一般的であると思い、この区別に親しみ生きてきた人がほとんどではないでしょうか。しかし、國分功一郎は、「この区別は少しも普遍的ではなく、また言語の歴史においては新しく現れたもの」だと言います。[73] つまり、「する」と「される」という区別で考えるということは決して普遍的なものではないということです。

これにかわり、かつては「中動態」というもう一つの態が存在しました。この言葉を聞くと、何だか能動態と受動態の間にあったもののように思う人もいるかもしれません。しかし、それは違います。かつては能動態と中動態の対立が一般的だったのですが、あるとき下剋上が起き、中動態に代わって受動態が能動態に対立するものとして表れてきた……という感じです。國分功一郎は、フランスの言語学者エミール・バンヴェニストによる中動態の定義をもとに、能動態と中動態の対立を次のように説明しています。

ひとことで言うと、能動態と中動態の対立においては、「する」か「される」かではなくて、「外」か「内」かが問題になっているということです。主語が動詞によって名指される過程の内部にあるときには中動態が用いられ、その過程が主語の外で終わるときには能動態が用いられた。(74)

〈われわれ〉意識が共有された場においては、「する」と「される」という関係で指導員と子どもとの関係を捉えることはしません。森田亜紀が、「中動態で表される事態においては、主語は動詞の表す過程の中にいわば巻き込まれている」と説明しているように、(75)学童保育実践に巻き込まれることこそ「学童の指導員」になることに他なりません。

井庭崇は、「自分も場の一部となり、自分たちのなかで何かが生じてくる、成長し、何かが見えてくる、そういう出来事」を「生成＝ジェネレート」として捉え、中動態としてしか表現でき

(73) 國分功一郎（2017）『中動態の世界―意志と責任の考古学―』医学書院、p.40
(74) 國分功一郎、熊谷晋一郎（2020）『〈責任〉の生成―中動態と当事者研究』新曜社、pp.97-98
(75) 森田亜紀（2013）『芸術の中動態―受容／制作の基層』萌書房

ないようなかかわり方をする存在を「ジェネレーター」と呼んでいます。[76] ジェネレーターは、「中動態的な状態に飛び込み、目の前の現象とか出来事の中に没入し、感じとる」存在です。[77] また、その根底にある性質や状態について、「出来事、物事が生成することに参加し、（主客・自他の境界を溶かし、あいまいにしながら）そこで起きていることをよく見・聴き・感じ・拾い上げ、その出来事の内側でその生成を担う一部となるということ、そして、世界へのその様なかかわり方」を「ジェネレーターシップ」と呼んでいます。[78]

「学童の指導員になる」ということは、学童保育実践で生じるさまざまな事態に巻き込まれつつ、絶えず子どもと〈ともに居続ける〉中で、ジェネレーターシップを発揮できる存在になるということなのでしょう。つまり、「学童の指導員」は、学童保育実践という「生成＝ジェネレート」の中にこそ存在するのです。本章で対象とした田中さんや竹中さんは、この意味で、学童保育実践におけるジェネレーターなのだと思います。

(76) 井庭崇（2022）「中動態 Middle Voice ジェネレーターのふるまいの根本にあるもの」市川力・井庭崇『ジェネレーター――学びと活動の生成――』学事出版、p.154
(77) 同上、p.163
(78) 同上、pp.164-165

第Ⅳ章　放課後児童支援員として働く

――「放課後児童支援員」になりつつある若手・中堅指導員はどんなことを思っているのか――

ここまで、どちらかというと「研究者」や「ベテラン指導員」の立場から、「学童保育指導員」や「放課後児童支援員」になるということについて、あるべき姿を描いてきました。しかしながら、本書の読者層の中心である、今まさに「放課後児童支援員」になりつつある若者たちは、どのようなことを考えながら日々の実践を行っているのでしょうか？

最後に、このような世代の指導員が、「放課後児童支援員」として働く中で抱いている夢や現実、悩みなどについて共有したいと思います。

2022年7月19日（火）、夏季休業期間の直前という慌ただしい中で、急遽、岡山県倉敷市と石川県野々市市の若手・中堅指導員6名（A～F支援員）に依頼し、オンラインでのトーク・セッション（TS）を企画しました。ここでは、TSの場を企画した金沢大学の鈴木が、対談の記録から、今を生きる彼／彼女らの想いを整理します。

まず、TSに参加してくれた6名について紹介します。表1の通り、本セッションには、指導員歴3～4年目の若手指導員4名と、若手を卒業し中堅指導員として活躍している指導員2名が参加しました。

彼／彼女らは、指導員になったきっかけや経験等もさまざまでした。当日は、簡単な自己紹介の後、以下の二つのテーマについて順番に語ってもらい、一巡したら、自由に質問を出し合ってもらいました。

表1　トーク・セッション参加者一覧

氏名	役職	性別	経験年数	備考
Aさん	所長	男性	9年目	岡山県倉敷市Na児童クラブ 出身地で2年間のアルバイト経験あり。20歳から倉敷市で勤務。主任として勤務し、8年目から所長。
Bさん	主任支援員	女性	8年目	岡山県倉敷市Ku児童クラブ 大学生の時にアルバイト経験あり。これまでプレハブと民家での支援を経験。倉敷市に来てからは、主任として勤務。
Cさん	主任支援員	男性	4年目	岡山県倉敷市Na児童クラブ アルバイト経験なし。1~2年目は副主任として学校内のクラブで勤務。3年目から主任。
Dさん	正規支援員	女性	3年目	石川県野々市市Su児童クラブ 大学で保育を専攻。大学4年生の時に、現在の勤務クラブでアルバイトを経験し、卒業後、正規指導員として勤務。
Eさん	主任支援員	男性	3年目	岡山県倉敷市Ni児童クラブ 大学生の時にアルバイト経験あり。現在は、主任として勤務をしつつ、地元の私立大学で大学院生として研究をしている。
Fさん	正規支援員	女性	3年目	石川県野々市市Su児童クラブ 専門学校で保育士と幼稚園の資格を取得。小学生の時に学童保育に通っており、現在、妹も学童保育所に通っている。

［テーマ1］どんな支援員を目指しているのか？
［テーマ2］支援員として経験を積む中でどんな困り感を感じているのか？

では、二つのテーマについて、どんな話がなされたのか、確認してみましょう。

（1）若手・中堅指導員が目指す指導員の姿

①子どもに寄り添える身近な存在になりたい！

セッションに参加してくれた指導員は、「放課後児童支援員」になったきっかけや経験もさまざまであり、それゆえ、目指す支援員像も多様でした。まず読み取れたのは、子どもにとって身近で寄り添える存在でありたいという思いです。例えば、3年目のDさんやFさんは次のように語っていました。

Dがおってくれたら安心するって思ってもらえるような指導員を目指したいな。…（略）…その日その日で、子どもたちの気持ちとか心情とかは変わるし、そういうのに寄り添える、一人ひとりと深くかかわっていける人になりたい。（Dさん）

家庭の延長線上だと思っているので、私のことを指導員であり、かつ、お姉ちゃんというような存在として。何でも言えて、何でも困り事とかあったら相談にのりたいと思っている。（Fさん）

これらの指導員像は、主任などの役職を担っていない若手指導員に見られました。

②学び続け、どんなことにも対応できる存在になりたい！

一方、大学院に進学しながら主任支援員をしているEさんは、「どんなことにでも対応できる支援員になりたい」と語っていました。彼は、子どもからの要求があった時に自分自身の力量不足によって制限をかけてしまうことがないよう、事前に学んでおく必要があると、強い責任感を持っていました。このように、子どもや保護者の要求や実態に対応できるよう成長していく存在、いわば、「学び続ける支援員」であることも、TSで確認できた支援員像です。例えば、8年目の中堅指導員であるBさんは次のように語っていました。

毎日、子どもによっても保護者によっても、全然対応も変わってくることなので、まずは思いついたのは、目の前の子どもたちのために、日々、学び続けられる支援員でありたいな…（略）…時代とか人

に合わせられる、柔軟に考えられる人でありたいな（Bさん）

また、Eさんが、指導員としての「学び」に重きを置く背景には、つぎのような学童保育制度の変容への危機感があるようです。

もっと言うとこの先、仮に大学とかで支援員が養成されたりして、もっと変化していくとしたら、支援員も試験で採用されるようになるみたいな。…そうなった時に、いざ自分が勉強を今までしていなかったからここでリタイアですってなっちゃったら、今まで頑張ってきたのが、想いが、子どものためにやってきたのが、もうそこで後ろの人に抜かされちゃって自分の役目がなくなっちゃったらかわいそうだなって。かわいそうというか、僕自身もやるせないという感じになるんで、どんなふうに世の中が変化してても対応してついていけるような支援員になれたらいいなと思っています。（Eさん）

このように、「放課後児童支援員」になりつつある若手・中堅指導員の中には、自分たちが生きている時代の流れを理解し、今後も進むであろう制度変容を踏まえて、学び続けていかなければならないという強い意志を持つ指導員がいることがわかります。

③「憧れの存在」を目指す！

今回のＴＳに参加した若手・中堅指導員の多くが、「ロールモデル」や「モデルプレイヤー」「憧れの人」がいると語っていました。それは、幼少期に学童保育に通っていなかったＣさんのように学童保育領域外に「ロールモデル」がいる方もいれば、明確に、同一市内に「モデルプレイヤー」が存在するＡさんのような場合もあり、多様です。ちなみに、Ａさんは、ＴＳの終盤、世代交代が話題になった際に、「僕がモデルとしているのが、Ｗという男性指導員とＫという女性の指導員さん……」というように、モデルとしている指導員を名指ししながら、これからの学童保育について語っていました。また、Ｆさんも「今、憧れというか、自分はこんな指導員になりたいというのは、一緒に働いとる相棒指導員。自分もわからん時に相談しているし、日々の保育の仕方も見て、学ばせてもらっている」というように、身近なところに憧れの存在がいることを語っていました。

しかし、このような憧れの存在は、必ずしも一人ではないようです。ＴＳでは、憧れの存在が複数である指導員もいました。例えば、Ｂさんは次のように語っていました。

憧れたい人がいっぱいいて、ここの分野ではこの人のこういうところがすごいとか、こうやって自然の中で竹の棒を持って子どもたちと遊べる人がいるんだ、すごいとか…（略）…一人の人を目指してと

いうよりかは、こういうところはこの人を真似しようとか、目指そうっていうような感じ。（Bさん）

また、Dさんも憧れの存在は特定の誰かではないとして、以下のように語っていました。

憧れている人というと、支援員の中にいっぱいいるんですけど。昨年2年目の時に、石川県で2年目講座っていうものがあって、……ベテランの先生方が講義をしてくださったり、2年目のメンバーでディスカッションできたりっていう、すごい学び深める機会があって、その基礎講座にかかわっているベテランの方々は経験もあるし、知識もあるけど、私たちの意見もちゃんと聞いてくれたり。新しい意見を取り入れるじゃないですけど、柔軟性というのに関してはすごく憧れがあって。（Dさん）

今回、TSに参加してくれた若手・中堅指導員は、普段からさまざまな学びの機会を得やすい環境にいる指導員でした。そのこともあってか、学童保育所内外において、日常的にベテラン指導員と触れ合う機会を得ており、そこで真似したいと感じるような存在と出会っているようです。

しかしながら、必ずしも憧れの存在がいるとは限らない環境において、指導員を続けなければならない可能性もあります。TSでも、かつてアルバイトをしていた際に、憧れを抱けるような学童保育所と巡り合えなかったことが話題になりました。

そこのバイト（先の学童保育所）はみんなパートで、主任さんもパートっていう感じで。みんなが2時半くらいにきて、3時から子ども預かるっていう感じで。もう子育てを終了されたお母さんたちが集まってという感じのスタイルだったんですけど。僕はどうしても大学で勉強しながらそこに入っていたのもあって、どうしても違和感があって、ここじゃ違うなって。（Eさん）

私、最初は母校でアルバイトした時には、結構ひどい児童クラブだったので、憧れるというよりかは、児童クラブを目指したのは、〝私だったらもっといいことする！〟っていうような、もっとここの関係はこう変えてとかって、勝手に考えてて。その反骨心で目指したところもあるんですけど……（Bさん）

今日、新たに「放課後児童支援員」になりつつある若手・中堅指導員は、制度変容の過程で、かつてよりも多くの公的な学びの機会を得られるようになっています。また、大学や短大で教育や保育、社会福祉の理論を学び、「放課後児童支援員」を目指すような指導員も徐々に増えています。彼／彼女らにとって、学童保育実践の現場が憧れを抱けるような場となっているかどうかが、いま問われていると言えるでしょう。

（2）若手・中堅指導員が感じている困り感

① 「放課後児童支援員」としての仕事を作らなければならない状況

［テーマ2］では、指導員として経験を積む中でそれぞれが感じている困り感や悩みについて語り合いました。各指導員が感じている困り感は日常的な支援内容や処遇の問題など様々でしたが、ここでは、いくつかの共通した困り感を取り上げてみたいと思います。

まず、中堅の立場であるAさんとBさんから出された困り感です。彼／彼女らから出された困り感は、「放課後児童支援員」いう仕事そのものに関することでした。

やって気づくことというと、仕事のタスクがとても広い…（略）…たぶん見ても聞いても分からないようなことだと思うけど、やってみるととても広くて深いな（Aさん）

この仕事はマニュアルがない仕事だからって言われていて、〝そんな仕事あるんかい！〟って思いながら、そのマニュアルがないと言われる仕事に、でもマニュアルがないと続かないというか、教えていけないよねっていうところで、自分も経験をしながらマニュアルを作っていく作業がすごく大変だったなと思っています。（Bさん）

Aさんは、やってみることで初めて実感する「放課後児童支援員」の仕事の幅広さについて指摘しています。また、Bさんは、それにもかかわらず、あるいは、だからこそ「放課後児童支援員」という仕事にマニュアルがないという状況の困難さについて指摘しています。

このような中で、Bさんが「仕事を作る、ここの仕事ってなんだっていうのを考えながら、主任ってこういう仕事するよね、補助員さんはこういう仕事してもらうよねっていうのをまずは分類」するところから始めたと語っていたことは、つくり運動の頃から、学童保育という仕事そのものをつくってきたベテラン指導員のそれと類似するもののようにも感じられます。つまり、新たな世代を担う指導員たちの中には、「放課後児童支援員」になるというプロセスにおいて、学童保育という基盤を作ってきたベテラン指導員と同様の経験を積んでいる指導員もいるようです。

②仕事としての社会的地位の不安定さ

また、今回のTSにおいて、指導員間で共感を得ていたのが、自らの仕事をどのように表現するかということでした。それは、Eさんが次のように語ったことがきっかけでした。

こないだ引っ越しして、いろいろ更新する時に職業欄があって、そこになんて書くんだろうっていう。〝学童保育〟って書いたら、それは職業ではないし、〝支援員〟と書いても伝わらないし、っていうのでなんて書くんだろうっていうので悩んだのはありました。これは余談みたいな感じですが。（Eさん）

これに対して、Bさんもハローワークでの検索結果を挙げ、共感しながら、つぎのように語っていました。

さっきEさんが言ってた職業欄に何て書くかってことですけど、めっちゃ共感できて、職業欄に〝放課後児童支援員〟ってかっこよく書いてみたものの、〝これなんですか？〟と言われたり、ハローワークで検索しても出てこないんですよ。「放課後」って言っても、〝放課後デイ〟が出てきたりとか、「児童」ってすると〝児童館〟が出てきて、「保育」ってすると〝保育士〟が出てきちゃうので、〝放課後児童クラブ〟はほんとに出てこなくて、私も結局、〝学童保育の職員〟とかって書いたなと。あるあるなんじゃないかなと思う感じです。早くハローワークで検索できるような認知度になってほしいですね。（Bさん）

Eさんは、大学から就職する際にも、「その他」にチェックした経験をふり返り、「だいぶ認知されつつあるけど、書面上では〝その他〟なんだなって悲しい気持ちになりました」と語っていました。コロナ禍を通じてこれまで以上に社会的認知度が高まりつつある学童保育ではあるものの、職業としてこれからのキャリアプロセスを歩んでいく若手・中堅指導員にとっては、まだまだ職業的アイデンティティを形成する上で大きなハードルがある様子がわかります。

③パート指導員とともに育成支援を行う上での年齢差というギャップ

若手指導員でありながら、各学童保育所の主任を務めるCさんとEさんからは共通して、「立場と年齢差のギャップ」がある中でどのように立ち回ったらいいのかという課題が挙げられました。彼らにとっては、共に保育をしていくパート指導員との間に、世代による保育観の違いや子育て経験を根拠とした保育観の違いとして表出されるギャップをどのように乗り越えていくのかということが、今現在も頭を抱える悩みであるようでした。

あとはこの年代特有のものだと思うんですけど、主任で入りましたと、そうなると組む人ってだいたい年上だったりするんですよね。ということは年齢差があるので、日本人的な感覚で言うと、なんかこれが逆転しているんですよね。他の会社ってそんなに多くないと思うんですよ、こういう完全な逆転って。これが特有の問題かなと思っていて。ちょっと頭あがりにくいよねっていうのがあったり、いわゆる、おばちゃん・おじちゃん世代と僕の保育観というのはギャップがあるので、そのギャップをどう埋めていくのかっていうのはかなり難しい。その立場と年齢差のギャップっていうその2つはかなり苦しめられている、今現在も苦しめられている部分になります。（Cさん）

この世界特有で、新しく入ってきた人たちが上につく。で、パートさんたちとか下の人たちが年上の人たち。で、関わる保護者さんとかもまず同年代の人はいない感じで、絶対に上の人がいる世界でどううまく立ち回ったらいいんだろうっていうのは考えていました。その中で自分なりの保育観とか、こういう風にできたらという思いはあるけど、…（略）…パートさんはパートさんなりの想いとかがあったりして、そこにこう従うのも違うし、かといって一方的に押し付けるのも違うし、そこでどう立場や年齢とか、まぁこうみんなの考え方をうまく落とし込んで一つの方向に向かっていくのかっていうのは、実際現場でやってみてはじめてわかるというか、悩みが出るということなのかなとは思いました。（Eさん）

このように、学童保育においては、年齢や役職と職務経験とのギャップが生じやすく、特に、これから「放課後児童支援員」になりつつある20～30歳代の主任は、より上の世代のパート指導員とともに育成支援を行い、学童保育所を引っ張っていかなければなりません。属性と専門性の逆転現象が生じる中で、指導員同士のチームワークとして育成支援を行っていくことは、これからも多くの若手・中堅指導員が巡り合う困難さであると言えるでしょう。

④コロナ禍での経験不足

今回のTSに参加してくれた若手指導員の中には、指導員となった初年度が新型コロナウィルスの感染拡大初期であったという方もいました。例えば、3年目のDさんにとっては、コロナ禍での初任期は、通常とは異なる学童保育実践であったため、未だに経験できていない取り組みなどもあることを課題として認識しているようでした。

私は今3年目で、ちょうど入所というか、働き始めたのがコロナの時期。コロナがはやり始めた、小学校が休校になり始めた時期に1年目として入って、すごくイレギュラーな年、何もかもがなくなった年で、クラブの特性とか行事とかに直接かかわれない中でずるずる働き始めている感じだったので、今は徐々に緩和されてきている部分があって、そういうところで、無理な話なんですけど、最初に学んでおきたかったというのがすごくあって。やっぱ後々になって、未だに経験していない行事とかもありますし、学校との連携の仕方とかもまだわからない状態で、なんか1年目から変われていないんじゃないかなというジレンマがすごくあって、大学卒業したてで、ずるずる3年ただ働いているというふうに、すごいナーバスに感じてしまう時があって、そこで悩むというか、仕方ないことと言えば仕方ないこと

かもしれないんですけど、いろいろできるうちにたくさん経験しておきたいという気持ちがありますね。（Dさん）

しかしながら、①でも語られていたように、放課後児童支援員としての職務の多くは、いまだ、その当事者によって作られているという側面もあります。コロナ禍において実施できなかったこともあれば、新たにつくられた支援内容もあるでしょう。また、コロナ禍によって必要性が見直され、内容が精選された職務も少なくないはずです。本書の読者の中にもコロナ禍に採用された若手指導員は多いかもしれませんが、ぜひ、イレギュラーな時期であったからこそ、より柔軟な力量を形成できている部分を強みとして認識してください。

（3）世代交代からチームへ

以上のように、これから「放課後児童支援員」となりつつある若手・中堅指導員は、この時代や世代特有の困難と向き合いながらも、理想の指導員像を描きつつ、日々の実践をしているようです。また、ベテラン指導員と同様、指導員としての処遇や社会的認知の低さと向き合いながら、自らの仕事を作りだし、職業的アイデンティティを形成するべく静かな戦いをしているように感じられます。今回のTSは限られた若手・中堅指導員によるものであり、どちらかと言えば、日頃から学びの機会の多い指導員ではあったと思いますが、これからを担う世代は、その世代らしくこれからの学童保育実践と向き合っているのではないでしょうか。最後に、若手・中堅指導員だからこそ得られた世代交代に関する対話の一部を共有したいと思います。

［Bさん］　今までこういう制度が欲しいと頑張ってきてくれてた、つくり運動をしてくれていた先生方がいたからこそ、今この段階なわけで。これから今後、男性も育休取れるようにとかってなっていくといいなと思います。

［Aさん］　あと、これはほんとに困っているんですけど、世代交代をどこかでしていかないといけないなというのが倉敷でもイメージとしてあがってきていて。僕がモデルとしているのが、Wという男性指導員とKという女性の指導員さんで、お互いいいところがあってベテランでもう50～60歳くらいになっているんですけど、やっぱり次の世代を誰が担っていくのかというのを倉敷で考えていくと、生半可な育ちじゃ誰もリードできんなって思っていて。ちょっとでも助けになればいいなと思っているんですけど、なかなかあそこまでのバイタリティのある指導員はなかなか出てきにくいし、センスやいろんなものも含めて、次の世代をつなぎながら……、そうなってくると、ほんと心苦しいなぁと思いました。

［Bさん］　やっぱりすごい人たちが動かしてくれているのを、今度はチームで動かしていくべきかなとは思っていて。若手と呼ばれる先生たちも増えてきたから、いかにチーム力を高めるかかなと思った

りします。チーム作り……ただめちゃくちゃ難しい。いろんな考えを持っている人がいるから。まさに課題だと思います。

彼らの対話からは、ひとりの強いリーダーに頼らない新たな学童保育の時代を求めているように感じられます。一人ひとりが「放課後児童支援員」になっていくことも必要ですが、かつてはカリスマ的な指導員が動かしてきたものを、これからは複数の指導員によってチームで動かしていくこと、分散型・共有型のマネジメントを前提とした「放課後児童支援員」の仕事を創り出していくことが必要であると言えるでしょう。

おわりに

「田中ちゃん、いつかオレたちで、オレたちにしか書けない学童保育の本を書こう！」

中山先生からこのようなお声かけをいただいたのが、今から10年前。生きている間に一冊は自分の人生を綴った本が出せたらいいなぁ……そんな思いを漠然と抱いていた矢先の彼からの言葉が、本書刊行の始まりでした。

それから年月が流れ、内容の具体化が叶ったのが3年前。テーマも決まり、さあ執筆。しかし、待ち受けていたのは「20年間を振り返る」という気が遠くなるような作業でした。当時の日誌や記録を紐解いて記憶をたどり、何度も修正してはまた消しての繰り返しで遅々として筆が進まない……苦行にしか感じられなくなりました。書けば書くほど、振り返れば振り返るほど、頭の中に残るのは自分の弱さと拙い保育実践でした。「こんなの誰が読んでくれるんやろう」思わず中山先生にぼやいたこともあったほどです。

しかし、読み返してみたとき、この拙い保育実践の中でも、私自身が「キラリと輝く子どもの姿を見つけ出す」まなざしを持ち続けていたこと、保護者の方々をはじめ県内外のたくさんの同志たちの存在がこれまでの自分の支えになっていたことを、強く実感できました。

素人同然で始めたこの仕事。このままではヤバいと危機感だけで臨んだ全国の研修の場。そこで得たのは、多くの知見や見解、知識や方法に加えて、全国各地で奮闘されている支援員のみなさんとの出会いでした。「あいつには負けたくない」「あいつは今頃もっとがんばってる」。そんな思いが私に多くの学びを与え、いつしか「学んだことを実践すれば、必ず何かが変わるんやな！」「百回の研修も活かさなかったら0回と同じ！」という実践知につながっていったのだと思います。そんな軌跡が、本書を通してみなさんの一助になれれば幸いです。

最後になりましたが、本書の刊行を何から何まで支えてくれた中山先生、緻密な分析をもとにこれからの支援員の未来を照らすご執筆をくださった鈴木先生、初めての執筆活動をあたたかく見守ってくださったかもがわ出版の吉田茂さん、本当にありがとうございました。また（特非）みちくさクラブ伊藤さんはじめ、いつも現場から私を叱咤激励してくれるケイシ、うえちゃん、和田くんらスタッフのみなさん、保護者のみなさん、山内先生はじめ県内外の関係者のみなさん、そして私を日々励まし勇気を与え続けてくれる妻、友一朗、景大にも感謝の意を込めて、本書を締めくくります。

2023年1月

田中　一将

【著者プロフィール】

田中　一将（たなかかずまさ）
1976年生。滋賀県湖南市菩提寺学童保育所みちくさクラブ代表主任支援員。
著作・論文に、「学童保育における特別支援」『発達支援をつなぐ地域の仕組み―糸賀一雄の遺志を継ぐ滋賀県湖南市の実践』（共著、ミネルヴァ書房、2014年）、『放課後児童支援員認定資格研修テキスト―子どもたちのはじける笑顔のために』（分担執筆、日本放課後児童指導員協会、2015年）、「学童保育における子ども―子ども間の「出会いなおし」を支えるための指導員のかかわりに関する研究」（日本学童保育学会第4回研究大会自由研究発表、2013年）など。

鈴木　　瞬（すずきしゅん）
1985年生。金沢大学人間社会研究域学校教育系准教授。
著作・論文に、『子どもの放課後支援の社会学』（学文社、2020年、日本学校教育学会賞）、『災害時の学童保育のブリコラージュ』（共編著、クリエイツかもがわ、2024年）、「子どもの放課後支援における〈教育〉と〈無為〉の位相－共生としての学童保育実践から」『日本教育行政学会年報』第48号、2022年など。

中山　芳一（なかやまよしかず）
1976年生。元岡山大学。All HEROs 合同会社代表。
著作に、『学童保育実践入門―かかわりとふり返りを深める』（かもがわ出版、2012年）、『新しい時代の学童保育実践』（かもがわ出版、2017年）、『学力テストで測れない非認知能力が子どもを伸ばす』（東京書籍、2018年）など。

学童保育指導員になる、ということ。
—子どももおとなも育つ放課後—

2023年３月25日　第１刷発行
2024年11月10日　第２刷発行

著　者　田中一将・鈴木瞬・中山芳一
発行者　竹村正治
発行所　株式会社 かもがわ出版
〒602-8119　京都市上京区堀川通出水西入ル
TEL 075(432)2868　FAX 075(432)2869
振替 01010-5-12436
ホームページ http://www.kamogawa.co.jp
印刷所　シナノ書籍印刷株式会社

ISBN978-4-7803-1270-6 C0037